W0062792

Tuschespuren in der Ewigkeit

Stewart W. Holmes
Chimyo Horioka

Tuschespuren
in der Ewigkeit

Meditationen
über Kunstwerke
des Zen

OTTO WILHELM BARTH VERLAG

Einzig berechtigte Übersetzung
aus dem Englischen von Jochen Eggert.
Schutzumschlag von Gerhart Noltkämper.

1. Auflage 1994
Die Originalausgabe erschien unter dem Titel
«Zen Art for Meditation» bei Charles E. Tuttle Co. Inc.,
Boston, Massachusetts, Rutland, Vermont und Tokyo.
Copyright © 1973 by Charles E. Tuttle Co., Inc.
Deutschsprachige Rechte beim Scherz Verlag, Bern,
München, Wien, für den Otto Wilhelm Barth Verlag.

Inhalt

Einleitung 7
Zum Gebrauch des Buches 8
Was ist Zen? 12
Die Zen-Ausrichtung 14
Zen-Kernaussagen 15
Die Haikus und die Bilder 17
Fazit 21

Die Dinge des Alltags 22
Vorstellungen 30
Alles 37
Das Ich 45
Hand in Hand mit der Natur 53
Kein Ego 62
Wahre Einsicht 73
Leere 81
Denken und Handeln 88
Das Unbekannte 96
Der Augenblick 104
Worte 112
Theorien 121
Zen-Kunst 129
Vom Austausch mit der Welt 138

Dank 147
Abbildungsverzeichnis 148

Einleitung

Dieses Buch ist für Menschen gedacht, die sich an Reproduktionen einiger der schönsten Bildwerke der Zen-Tradition erfreuen möchten. Wir haben aus Hunderten von Werken der klassischen chinesischen und japanischen Tuschmalerei diese 31 Bilder ausgewählt, von denen wir glauben, daß sie den westlichen Betrachter ansprechen werden und außerdem repräsentativ sind für die Sujets und Stile dieser Kunst. Die Originale dieser kleinen Galerie ohne Wände befinden sich über die ganze Welt verstreut in Privatsammlungen und Museen. Persönliche oder nationale Schätze – die Bilder gelten nicht nur als große Kunstwerke, sondern auch als Porträts der verschiedenen Gesichter der menschlichen Seele.

Daraus ergibt sich schon, daß es auch ein Buch ist für jene, die auf meditative Weise Einblick in die Natur des Menschen und der Welt gewinnen möchten. Zu diesem Zweck bietet es zu jedem Bild einen Kommentar, der sich an einer Grundaussage des Zen orientiert und mit japanischen Gedichten in der charakteristischen siebzehnsilbigen Form des *Haiku* illustriert ist. So werden hier Meisterwerke einiger vom Zen-Geist inspirierter Künstler und Dichter – seit Jahrhunderten von Schülern des Zen-Weges benutzt und bewahrt – dem Westen zugänglich gemacht, die vielleicht einen Anstoß geben zur Vertiefung des Bewußtseins. Insofern kann das Buch auch als Einstimmung für den Zen-Weg aufgefaßt werden und wäre dann gewissermaßen ein Ersatz für die Anleitung durch einen Zen-Meister – selbstverständlich ein vorläufiger und höchst unzureichender Ersatz.

Zum Gebrauch des Buches

Ob Sie vor allem große Werke der chinesischen und japanischen Tuschmalerei (*sumi-e*) genießen möchten oder eine meditative Vertiefung des Bewußtseins anstreben, dieses Buch bietet Ihnen zu beidem einen Zugang. Für letzteren Fall empfehlen wir folgenden Grundablauf Ihrer meditativen Übung*, den Sie im Laufe der Zeit auf Ihre besonderen Lebensumstände und Bedürfnisse abstimmen mögen.

1. Ort: Ein Raum mit gedämpftem Licht und angenehmer Temperatur; ruhig und in jeder Hinsicht förderlich für eine ausgeglichene Geistesverfassung soll er sein.
2. Kleidung: Locker, bequem.

* Diese Empfehlungen orientieren sich im wesentlichen an den einführenden Unterweisungen des Zen-Meisters Hakuun Yasutani (1885–1973) für seine Zen-Schüler. Vollständig wiedergegeben sind diese Unterweisungen in Philip Kapleau: *Die drei Pfeiler des Zen*, O. W. Barth Verlag, Bern – München – Wien 1992 (9. Aufl.).

3. Sitzhaltung: Am besten nähert man sich, so weit es eben geht, der Lotoshaltung an, wie man sie etwa auf Abbildungen des Buddha sieht. Auch wenn Sie anfangs vielleicht einen Stuhl bequemer finden, wäre es gut, sich mit der Zeit daran zu gewöhnen, mit überkreuzten Beinen auf dem Boden zu sitzen.

Benutzen Sie dazu ein dickes Kissen, damit das Gesäß höher ist als die Knie. Wenn es Ihnen nach einiger Zeit gelingt, so zu sitzen, daß Ihr linker Fuß auf dem rechten Oberschenkel ruht, werden Sie eine dünnere Unterlage unter dem linken Knie als hilfreich empfinden, denn beide Knie sollen fest aufliegen.

Empfinden Sie den Hauptteil Ihres Gewichts als im Unterkörper liegend, während der Oberkörper (oberhalb des Nabels) fast schwerelos erscheint. Sitzen Sie ganz aufrecht, aber nicht steif wie ein Ladestock. Der Spannungszustand soll der eines durchtrainierten Athleten sein, also nicht wie bei einem Soldaten in Hab-acht-Stellung.

Wenn Sie sich hingesetzt haben, lassen Sie sich ein wenig Zeit, bis der Wirbel in Ihnen sich langsam legt und ein wohliges Gefühl von äußerer und innerer Ruhe sich ausbreiten kann.

Wenn Sie sich dann bereit fühlen, schlagen Sie das Bild auf, das Sie für diesmal ausgewählt haben, und lesen Sie den Begleittext und die Haikus ein- oder zweimal. Betrachten Sie das Bild eingehend, damit es sich Ihnen als Ganzes wie im Detail einprägt. Sobald Sie sich eingestimmt haben, legen Sie das Buch – vielleicht auf einer eigenen Stütze – so ab, daß Sie das Bild mühelos sehen können.

Jetzt geht es darum, sich auf einen noch tieferen Austausch mit ihm einzulassen. Lassen Sie den Blick über das Bild schweifen, und lassen Sie gleichzeitig die Gedanken und Bilder des Textes Revue passieren. Sie werden merken, daß daraus eine Art Selbstgespräch über das Bild oder über eine Stelle aus dem Text wird. Vermeiden Sie dabei Bewertungen und Urteile.

Je mehr es Ihnen gelingt, sich der «Botschaft» des Kommentars und natürlich auch dem Bild selbst zu öffnen, desto mehr wird das innere Selbstgespräch zum Erliegen kommen. Eine Hilfe dazu ist es, wenn Sie den Blick sehr langsam und ohne Ungeduld über alle Einzelheiten des Gemäldes wandern lassen und sich dabei auch vergegenwärtigen, wie die einzelnen Pinselstriche gezogen sind. Wenn das innere Plappern wieder einsetzt, können Sie einen Teil Ihres Bewußtseins dadurch beschäftigt halten, daß Sie einfach zählen, während Sie zugleich beim zyklischen Ablauf Ihres Atems bleiben – einatmen, anhalten, ausatmen. Wenn Sie dabei eine Pendeluhr oder ein Metronom ticken hören, wird Ihr Zählen etwas von hypnotischer Regelmäßigkeit bekommen.

Entwickelt der Austausch sich richtig, so werden Sie jetzt vielleicht merken, daß Sie die wache Bereitschaft des auf Frösche lauernden Reihers, das steile Aufragen der Gipfel über dem Dunst des Tales, die stille Abgeklärtheit des von seiner Hütte aus über den Bergsee blickenden Weisen lebhafter empfinden als zuvor. Auch die im Kommentar entwickelte Zen-Aussage wird unterhalb oder oberhalb der Bewußtseinsschwelle in Ihnen Raum greifen. Sie können sicher sein, daß die Zen-Ausrichtung, wie sie sich im Bild, in den Haikus und im Kommentar darstellt, Ihre Bewußtseinsstrukturen bis zu einem gewissen Grade umbildet.

Über kurz oder lang werden Sie bemerken, daß sich auch Gedanken einschleichen, die nichts mit der Bild- oder Textvorlage zu tun haben. Das ist ganz natürlich. Wie Meister Yasutani sagt: «Die Zen-Meditation zielt nicht darauf ab, den Geist lahmzulegen, sondern will erreichen, daß er mitten im Tätigsein still und gesammelt bleibt.»

Legen Sie Stift und Papier neben sich, um Gedanken zu notieren, an die Sie sich später erinnern möchten. So werden Sie sie während der Meditation leichter wieder los und haben sie später doch gleich parat. Auch beiläufige Gedanken werden sich in Ihnen regen, denn manchmal sind Sie kurz durch Reize aus der Umgebung abgelenkt, doch dergleichen vergeht und hinterläßt keinerlei Spuren. Urteile, Vorurteile, Überzeugungen und Ideologien sind da schon gefährlicher, und Sie sollten sie möglichst ausschalten.

Es wird gut sein, die Augen geöffnet zu halten und den Blick entspannt etwa einen Meter vor sich auf dem Boden oder an der Wand ruhen zu lassen. Auch das Zählen beim Ein- und Ausatmen wirkt stabilisierend.

Lassen Sie also alles, was an Gedanken oder äußeren Eindrücken kommt und geht, ganz unverkrampft einfach geschehen, während Sie zugleich Ihres fest gegründeten Dasitzens in einer Haltung hellwacher Bereitschaft gewahr bleiben.

Was ist Zen?

Bevor wir zu den einzelnen Kommentaren oder Meditationen kommen, müssen wir uns kurz vergegenwärtigen, was wir mit «Zen» meinen. Das Wort *Zen* ist die japanische Lesart des chinesischen *Chan* und dieses wiederum die Übersetzung des Sanskritwortes *Dhyāna*, das eine bestimmte Art der Meditation bezeichnet. Vor zweieinhalb Jahrtausenden lehrte der Buddha in Indien die Bedeutung dieser Meditation und der Erleuchtung. Etwa tausend Jahre später soll Bodhidharma die Botschaft von Indien nach China gebracht haben. Dort wurde sie von den Erben Laotses mit ihrem uralten spirituellen Weg, dem Taoismus, in Einklang gebracht. Das Grundanliegen der Taoisten, stets in Übereinstimmung mit der wahren Natur der Dinge zu sein, vertrug sich gut mit dem von aller Ichhaftigkeit und allem Begehren freien Annehmen des Lebens, wie es in Indien vom Buddha und dann in China von Bodhidharma gelehrt wurde. Und da die Dhyāna-Meditation das Kernstück von Bodhidharmas Buddhismus war, wurde die von ihm in China ins Leben gerufene Schule Chan genannt. Der Chan-Buddhismus hat die chinesische Kultur sehr tiefgreifend beeinflußt. Das Aufblühen der Künste in der Zeit der Song-Dynastie (960-1280) war vor allem ein Werk von Menschen, die im Chan geschult waren.

Im 12. Jahrhundert brachten Mönche das Chan nach Japan, und hier verbreitete es sich noch rascher und prägte die Kultur noch entschiedener als in China. Hier wurde die neue Schule *Zen* genannt und gab nicht nur der Religiosität der Japaner eine neue Orientierung, sondern zeigte ihre Wirkung bald besonders an Menschen, die schöpferisch tätig waren, sei es auf dem Gebiet der Malerei und Plastik oder in der Architektur, im Theater und in der Landschaftsgärtnerei. Bis hinein in die Innenausstattung der Häuser zeigte sich der Einfluß des Zen, und es prägte sogar das *Bushidō*, den «Weg des Kriegers», und die «Künste» des Schwertfechtens und Bogenschießens. Durch seine Achtung aller Dinge – Holz, Steine, Moos, Lehm, Bäche, Teiche – als ihrer Natur nach in gleicher Weise des Buddha-Wesens teilhaftig wie der Mensch hat das Zen eine große Tradition vieler hervorragender Namen und Kunstwerke hervorgebracht.

Dieser fruchtbare Boden des von aller Ichbefangenheit freien schöpferischen und treffenden Ausdrucks steht auch uns noch zur Verfügung – in den Kunstwerken und in der von den Zen-Meistern geschaffenen Tradition der Meditation.

Da das Zen den Blick über die Symbole hinaus auf die Dinge selbst richtet, erkennt es alle unsere Vorurteile bezüglich Hautfarbe, Geschlecht und Alter und alle sonstigen kulturbedingten Dogmen als reines Menschenwerk, nicht zur Natur der Dinge gehörig. Jeder Mensch ist so angelegt, daß er für seine besondere Art des Austauschs mit dem Großen Tao auf die bestmögliche Weise gerüstet ist – er hat sein ganz eige-

nes Tao. Je weiter er sich dem Wirken dieses in ihm
Angelegten öffnen kann, desto mehr wird er in Übereinstimmung mit dem Tao leben. Aufrecht, still und
fest in einer geeigneten Umgebung zu sitzen erleichtert
ihm dieses Sich-Öffnen. Das gleiche innere Ur-Ver-
mögen, die gleiche innere «Weisheit», die eine Wunde
oder einen Knochenbruch heilt, wird dann auch die
seelischen Wunden heilen, die jeder von uns hat.

Die Zen-Ausrichtung

Seit Jahrtausenden forscht der Mensch nach der Art
und Weise, in welcher diese in ihm angelegte Ur-Weisheit wirksam wird, indem er unzählige Experimente
mit sich selbst durchführte. Aus diesen unendlichen
Mühen gingen «Systeme» von Einsichten, Ideen und
Techniken hervor, Wege, die zur Manifestation der in
uns angelegten Ur-Weisheit führen sollen, und einer
dieser Wege, insbesondere seit der mit Bodhidharma
beginnenden Verschmelzung von Buddhismus und
Taoismus, ist das, was wir Zen nennen.

Für die Zen-Ausrichtung ist in allen Bereichen des
menschlichen Lebens Platz, ob es sich um Geschäft,
Kunst, Schule, Landwirtschaft, Kindererziehung oder
Haushalt handelt. Besser wäre es freilich zu sagen, daß
Menschen bei allem, was sie tun, auf Zen-Art leben kön-
nen. Die Zen-Ausrichtung ist nämlich kein zusätzlicher
Trick, um noch mehr zu «bringen» oder sein Glück noch
weiter zu mehren. Sie wird vielmehr zu einer völligen
Neuorientierung unseres gesamten Verhaltens.

Bei dem in diesem Buch gewählten Zugang zum Zen können Sie von 15 Kernaussagen oder Grundsätzen ausgehen, die unserer Auffassung nach für wichtige Aspekte stehen. Als Hilfe für die intensive Vergegenwärtigung dieser Aussagen haben Sie jeweils zwei Bilder mit einem Kommentar und einigen Haikus. Während Sie diese «Landschaften» der Seele betrachten, wird der Sinn der zugehörigen Zen-Aussage sich Ihnen in wachsender Klarheit und Fülle erschließen. Wie Sie sitzen, wie Sie schauen, wie Sie auf Reize reagieren – all das wird dazu beitragen, diese Seite des Zen zu entwickeln. Das allmähliche Hintasten zu neuen Einsichten wird dann vor allem unterhalb der Bewußtseinsschwelle weitergehen.

Zen-Kernaussagen

Die Realitäten des Lebens unverfälscht zu sehen ist am besten in den Dingen und Handlungen des Alltags möglich.

Alles existiert gemäß seiner eigenen Natur. Unsere individuellen Anschauungen von Wert, Richtigkeit, Schönheit und Maß existieren nur in unserem Kopf, sonst nirgends.

Alles existiert in Beziehung zu anderen Dingen.

Das Ich und der Rest des Universums sind nicht getrennt, sondern ein wirkendes Ganzes.

Der Mensch ist ein Kind der Natur und kommt am besten zurecht, wenn er Hand in Hand mit ihr arbeitet, anstatt sie beherrschen zu wollen.

Es gibt kein Ego im Sinne einer endlos fortdauernden unwandelbaren Seele oder Persönlichkeit, die vorübergehend einen Körper bewohnt.

Wahre Einsicht erwächst nicht aus Spezialwissen, aus der Zugehörigkeit zu exklusiven Zirkeln, aus Doktrinen und Dogmen. Sie erwächst aus vorbewußten Ahnungen dessen, was wir in Wahrheit sind, aus unserer ursprünglichen Weisheit.

In der Leere werden Formen geboren. Wer sich aller im Laufe der Jahre angesammelten Annahmen, Schlußfolgerungen und Urteile entleert, kommt dieser ursprünglichen Natur nahe und wird zu originellen Ideen gelangen und zu spontanen Reaktionen fähig.

Wenn man sich selbst bei seinem eigenen Tun zuschaut, verdirbt man es leicht.

Sicherheit und Unwandelbarkeit sind Chimären des vom Ich beherrschten Bewußtseins und existieren in der Natur nicht. Die Unsicherheit anzunehmen und sich dem Unbekannten auszuliefern, erzeugt einen erlösenden Glauben an «das Ganze.»

Man kann nur im gegenwärtigen Augenblick leben.

Das lebendige Geschehen und die Worte darüber sind nicht das gleiche und sollten nicht als gleichrangig behandelt werden.

Wenn uns die Unvereinbarkeit der Theorien über das Leben mit unseren nichtbegrifflichen und urteilsfreien Ahnungen der Wahrheit aufgeht, bleibt uns nichts anderes als zu lachen.

Für die Zen-Kunst ist charakteristisch, daß sie die Freude an einem visuellen Kunstwerk mit Lebensweisheit, persönlichen Erfahrungen und Intuitionen zu einem schöpferischen Gesamtereignis verschmelzen kann.

Jeder Mensch entwickelt sich zu seiner Einzigartigkeit hin und gelangt zu seiner ganz eigenen Art des Austausches mit der Welt, wie sie für ihn existiert.

Die Haikus und die Bilder

Wie lassen wir nun ein Haiku auf uns wirken? Lesen wir zunächst eines von Yōsō:

> Felder und Berge –
> der Schnee nahm sie fort.
> Nichts bleibt.

Der Verfasser eines Haiku gibt uns in der Regel nichts als ein Bild, die Vignette eines winzigen Ausschnitts aus dem Panorama des Lebens, wie er es sieht. Was an Nichtbildlichem beim Lesen mitschwingen mag, ist unsere eigene Schöpfung.

Machen wir uns anhand der Worte ein Vorstellungsbild: Alles weiß überdeckt – alle Bäche und Büsche und Felsvorsprünge und Bäume und Häuser. Individuelle Formen sind abgeschliffen oder ganz eingeebnet. Stellen Sie es sich bildlich vor, öffnen Sie sich dem Gefühl der Leere dieser Landschaft. Sie stehen vor – nichts. Statt eines Baches hier und eines Steinwalls da und einer strohgedeckten Hütte dort unter dem Felsvorsprung sehen Sie nur ein weißes Wogen. Nichts ist hier, was Ihre bildhafte Vorstellungskraft anregen könnte, und Sie sitzen einfach da.

In diesem stillen Dasitzen machen Sie sich empfänglich für das, was im Zen geschulte Menschen meinen, wenn sie sagen, die Leere sei die Fülle oder die Leere sei der Schoß der Formen. Unter der Schneedecke sind unzählige Formen: Blattknospen, Tiere im Winterschlaf, Bakterien, Moose und Flechten auf dem Fels, die Samen von Gräsern, Bäche in ihren steinigen Betten. Jedes ist da und bereit, nach den Gesetzen seines Lebens zu wachsen und sich zu bewegen – jedes eine bestimmte Ausdrucksform der ursprünglichen Energie. So auch wir: Wenn unser unentwegtes inneres Reden einmal verstummt, bekommt die uns innewohnende Weisheit, ein Atem der ursprünglichen Energie, ihre Chance, sich zu entfalten.

Von all dem sagt Yōsō nichts. Doch der Stein, den er in den Teich unseres Bewußtseins fallen läßt, wirft diese Wellenkreise; diese und wohl noch viele andere.

Bild 1

Betrachten wir nun eine Tuschmalerei, *(Bild 1,
S. 19)*, und sehen wir zu, was wir sehen. Vor 800 Jahren, zur Zeit der Song-Dynastie, wurde es in China
von einem Zen-Maler geschaffen. Sehen Sie einen großen Wirbel der Bewegung? Folgen Ihre Augen den ge-
schwungenen Strähnen des Vogelschwarms, der eben
einfällt und den großen Baum zu seiner Bleibe für die
Nacht machen wird? Folgt Ihr Blick dem abfallenden
Bergkamm und dem dunklen Hügelrücken bis zu dem
kleinen Wasserfall und dann weiter dem Lauf des Baches folgend am Fuß des Baumes vorbei? Und gehen
Sie den kahlen Ästen nach, die sich vom Stamm weg-
spreizen und in Bögen wie ein Schutzkreis die kleine
strohgedeckte Hütte dort unten umfangen? Wer lebt
in diesem stillen Zentrum inmitten so lebenssprühen-
der Landschaft? Es ist niemand zu sehen. Wie wunder-
bar und geheimnisvoll: Bewegung – keine Bewegung;
Leben – kein Leben; Dinge – kein Ding.

Lassen Sie das ein wenig Raum greifen in sich, bevor
Sie sich dies vergegenwärtigen: «Da ist Vorgang, da ist
Stillstehen. Doch in allem Geschehen gibt es keine
endlos fortdauernde unwandelbare Seele.» Hadern Sie
nicht mit dieser Idee. Geben Sie ihr einfach Raum.
Und genießen Sie dann den Frieden, den sie mit sich
bringt.

Fazit

Dieses Beispiel für die bewußtseinsvertiefende Funktion der meditativen Seite dieses Buches wird Ihnen einen Eindruck von den Möglichkeiten geben, die hier zu finden sind. Wir sagen nicht, der Gebrauch des Buches in dieser Weise werde zur Erleuchtung führen – das wäre nicht nur falsch, sondern anmaßend und irreführend. Es könnte aber sein, daß solch ein Vorgehen für viele Menschen einstweilen die einzige Möglichkeit ist, eine Ahnung von Zen-Erfahrung zu bekommen. Nur wenige haben im Westen das Glück, einem echten Zen-Meister zu begegnen, und Bücher *über* Zen vermitteln uns eher intellektuelle Vorstellungen von den Zielen und Methoden des Zen als eine Ahnung von wirklicher Zen-Einsicht. Auf diese Einsicht aber kommt es an, wenn wir jene Ordnung und jenen Sinn in unserem Leben entdecken wollen, von denen die Worte und Taten so vieler im Zen geschulter Menschen künden.

Und abgesehen von dem meditativen Aspekt vergrößert die hier vorgeschlagene Methode des nichtanalytischen Einfühlens die Wahrscheinlichkeit einer echten Teilnahme an der Vision der Künstler. Sie und der Künstler kommen zusammen in einem schöpferischen Austausch, der die Grenzen von Zeit und Kultur überwindet.

Die Dinge des Alltags

**Die Realitäten des Lebens
unverfälscht zu sehen ist am ehesten
in den Dingen und Handlungen
des Alltags möglich.**

Bild 2: Dieses Bild, vor etwa achthundert Jahren in China gemalt, zeigt einen leicht angetrunkenen älteren Herrn, der von einem Festmahl heimkehrt. Der Hutschmuck hängt in schlaffen Fransen herab, das Gewand wirkt etwas derangiert, das Gesicht nicht gerade heiter. Nur von einem Diener gestützt, kann er sich auf dem Wasserbüffel aufrecht halten. Mancher wird diese Szene vielleicht abstoßend, erbärmlich oder lächerlich finden. Doch lassen wir das ganze Bild einmal auf uns wirken.

Die gewaltige Trauerweide neigt sich huldvoll zu dem alten Herrn herab. Der Büffel – mit seinem zottigen Fell, dem schütteren Schweif und von dem gebeugten Diener am Nasenstrick geführt, auch eher eine traurige Gestalt – trottet schwerfällig vor sich hin. Der Diener ist völlig teilnahmslos. Die Pflanzen am Wegesrand wachsen einfach weiter. Jedes Ding wird der Rolle gerecht, die es im Ganzen zu spielen hat. So ist das Leben – und von der Art sind die Realitäten des Lebens. Harmonie liegt im Erfassen der Dinge nach ihren eigenen Gesetzen und im barmherzigen und lachenden Annehmen der Art, in der ein jedes seine Rolle spielt.

Die Technik des Künstlers verstärkt dieses Gefühl

des Universalen im Besonderen. Die Striche, mit denen er die Blätter der Pflanze im Vordergrund und der Weide sowie die Steine und kleinen Gewächse, die Haare und Hufe des Büffels darstellt, sind ganz konventionell. Auch die Falten des Tuchs und die Gesichter scheinen mit wenigen Strichen eines feinen Pinsels hingeworfen. Dennoch fühlt man sich diesem besonderen Baum nahe, ebenso wie dem unvernünftigen al-

ten Mann mit seinem selbstverschuldeten Brummschä-
del und diesem Büffel, der nach einem langen Arbeits-
tag als Traktor nun auch noch als Taxi herhalten muß.
Das hier ist keine akademische Übung, sondern ein
Ausschnitt eben jenes Lebens, wie es seit Tausenden
von Jahren von jedermann gelebt wird. So sind nun
mal die Dinge auf diesem Planeten, unserem Zuhause.

Der Dichter Shiki muß von äußerster Bewußtheit und
zutiefst lebendig gewesen sein bei der Erfahrung, die
er in diesem Haiku schildert:

> Oh, wie ich
> die Kakifrucht genieße,
> während vom Hōryū-ji die Glocke dröhnt.

Fast spürt man die tiefen Schwingungen in den Ohren
und den Saft, wie er die Kehle hinunterrinnt. Wahrhaftig, er lebte!

> Regenzeit!
> Der Eingang überflutet,
> und Frösche planschen da.
> *Sampu*

Welch eine Art, auf die Überflutung des eigenen Hau-
ses zu reagieren! Aber gibt es wohl eine bessere? Der
Regen kommt, das Wasser steigt; es schwappt herein
und bringt noch ein paar Frösche mit. Man sitzt da
und schaut ihnen zu.

Der Mond in eine Wolke abgetrieben:
Sollte ich mir da nicht
eine kleine Saftmelone borgen?
Shiki

Eben wirft eine Wolke ihren Schatten auf die mond-
helle Landschaft, und wie es der Zufall will, stehe ich
hier gerade an einem Melonenbeet. Außerdem wird ja
nur geborgt, nicht stibitzt. Was zählt das schon? Von
der Mondbetrachtung allein kann man nicht leben.

In der Tat, so sind die Dinge auf dieser Erde.

Detail aus Bild 3

Bild 3: Wie fern aller Alltagswelt diese Landschaft wirkt! Aus dem Flußtal, das sich im Hintergrund geheimnisvoll ins Unendliche verliert, streben himmelschulternde Berge auf. Ihre gezackten Gipfel schweben wie körperlos über dem Taldunst. Von irdischer Schwere, geologischer Formation und Pflanzenleben scheint an diesen Felsabstürzen nichts zu zeugen. Das Unwirkliche wird hier Ereignis, und wahrhaft unwirklich oder bestenfalls belanglos ist auch die Welt der Alltagserfahrung.

Dann stößt der schweifende Blick auf eine kleine Gestalt am unteren rechten Rand, ein Wanderer, der sein Bündel an einem Stab über der Schulter trägt. Sein Ziel ist das Gasthaus, das auf Pfählen in einer kleinen Bucht steht. Bei genauem Hinsehen zeigt sich, daß in dieser Wirtschaft schon Leute sitzen. Noch weiter im Hintergrund, am Fuß eines bewaldeten Hügels, sehen wir weitere Häuser, an die Erde geschmiegt. Die Bucht, die Häuser und die etwas wacklig wirkende Brücke sind umrahmt von den kahlen Ästen einer alten Weide.

Wild und fremdartig wirkte diese Landschaft zuerst, doch jetzt können wir aufatmen, denn sie gehört wohl doch zu unserer vertrauten Erde – alltägliche Dinge und Vorgänge sind hier zu sehen. Menschen erbauten die Brücke und das Wirtshaus, zu dem sie führt. Und ein müder Wanderer sucht dort Zuflucht wie viele vor ihm.

Das sind Realitäten, die für uns Menschen über Jahrhunderte die gleichen bleiben: Eine Brücke spannt sich über den geheimnisvoll unendlichen Fluß; unter den surrealistischen Steilhängen wartet ein Gasthaus auf den Reisenden. Am Ende des Tages, im dunstigen Ausklang einer weiteren Drehung der Erde, wartet eine leckere Schale Suppe, vielleicht ein gebratener Fisch.

Sogar der General
nahm seine Rüstung ab,
um unsere Päonien zu bestaunen.
Kikaku

Es kann natürlich sein, daß Kikakus Päonien keine gewöhnlichen Päonien waren.

Jaja, der Herbsttaifun
hat sein erstes Opfer gefordert –
die Vogelscheuche.
Kyoroku

Der Zusammenbruch der armseligen Vogelscheuche verleiht einem Ereignis von globalem Ausmaß – dem Taifun – einen tieferen Sinn.

Könnte ich die Winde des Fuji
in mein Bündel schnüren –
welch ein Mitbringsel!
Bashō

Fast sehen wir Bashō lächeln über diesen so besonders hartnäckigen Grundtrieb des Menschen – das Sammeln. Und wenn das Sammeln von Souvenirs zu banal ist, was hätten wir noch an der Hand gegen diese vernichtende Wirklichkeit, die alles verschlingende Zeit?

Vorstellungen

**Alles existiert gemäß seiner eigenen Natur.
Unsere individuellen Anschauungen von Wert,
Richtigkeit, Schönheit und Maß existieren
nur in unserem Kopf, sonst nirgends.**

Bild 4: Was für eine kuriose Viererbande! Ein äußerst dickleibiger Mann, an einen Tiger gelehnt, zufrieden schlummernd. Und auch der Tiger selig schlummernd. Dickliche Knaben an Mann und Tiger gelehnt. Tiger sollten eigentlich auf Beutefang sein, der Schrecken der Wildnis. Männer sollten bei der Arbeit sein, dem Nachwuchs ein Vorbild.

Sollten sie? Wenn sie nach unseren Konventionen leben, dann sicherlich. Aber sie existieren ja nur in unseren Köpfen. Dieser Tiger ist von anderer Natur. Dieser Tiger liebt das Schläfchen mit friedlich überkreuzten Pranken und der warmen Schwere weicher Menschenleiber auf dem Rücken. Wie es aussieht, mag er das, und so kann es wohl nicht wider seine Natur sein.

Und es ist die Natur seiner Freunde, sich voller Vertrauen seiner Gesellschaft zu erfreuen. Sie haben hier am Bach, vom Steilufer beschützt, ein Plätzchen gefunden, das ihnen allen behagt. Da lassen sie sich's wohlsein und werden von Minute zu Minute immer noch fetter, noch träger, noch zufriedener. Nach «zivilisierten» Maßstäben ist an ihnen nicht viel Verdienstvolles und wenig äußere und innere Schönheit.

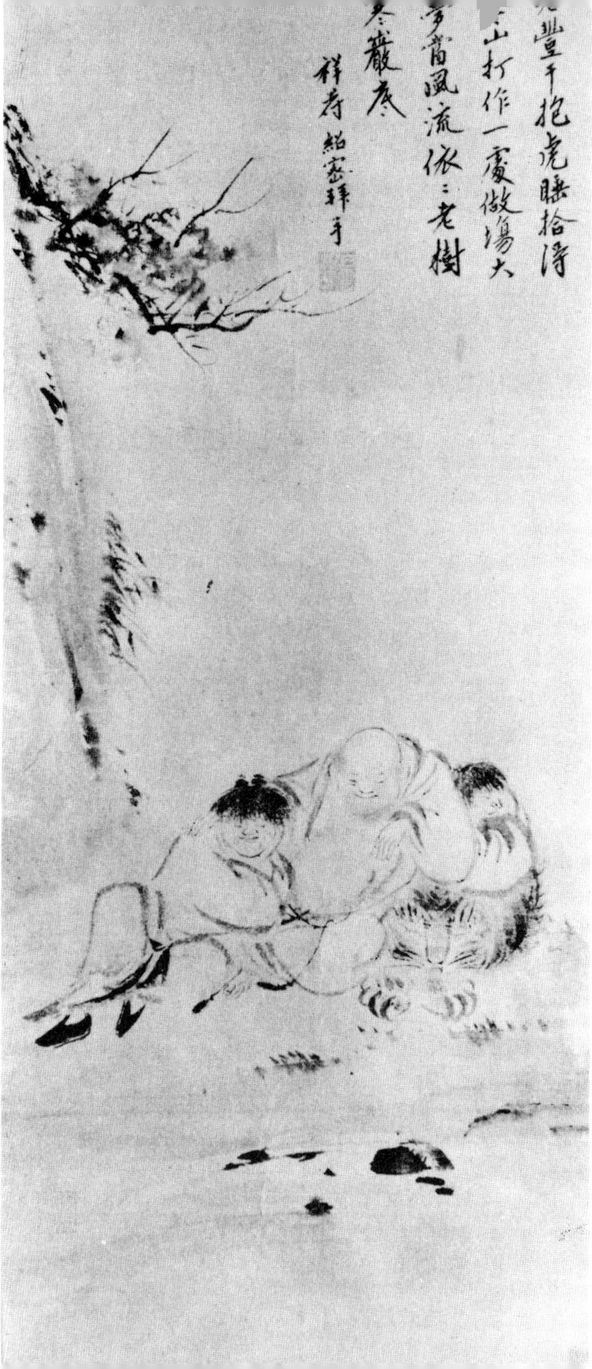
豊干抱虎膝拾得
山打作一處做場大
當風流依々老樹
蔭底
祥壽紹密拜手

Dennoch sind sie ganz im reinen mit sich selbst. Ihr innerer Tiger des Herrschenwollens, könnte man sagen, ist eingeschlafen, und das macht sie so gelöst. Sie sind im Einklang mit ihrer eigentlichen Natur, wie man an der Harmonie erkennen kann, die ihnen in die entspannten, leise lächelnden Gesichter geschrieben steht.

Ein jeder von uns – Weiser, Tiger, Mann auf der Straße – existiert auf anderen Ebenen als der bewußten. Wir sagen: «Mir kommt da eben der Gedanke, daß . . .» Woher aber kam dieser Gedanke? Können wir vielleicht sagen: «Von dorther, woher auch die Anweisungen für Wachstum und Heilung des Körpers kommen»? Sie kommen also aus unserer tieferen Natur, die jeden Menschen zu einem einzigartigen Wesen macht, mit einzigartigen Anlagen und Befähigungen, die jedoch häufig verdorben werden, wenn man Maßstäbe anzulegen versucht, die dieser Natur fremd sind.

Wenn wir uns selbst – aber auch Tiger und Menschen und Pflanzen, ja die Situationen des alltäglichen Umgangs miteinander – mit offenem, urteilsfreiem Blick betrachten, kann das Potential jedes Menschen, jeder Situation und jedes Dinges sich freier entfalten. Dann kann der Tiger bei dem dicken Jungen liegen, und jeder von uns lebt in Frieden mit sich selbst.

Wassermelonen:
Sogar sie
kommen mit sich selbst zurande.
Ransetsu

Schaut die Melonen auf dem Felde: Sie arbeiten nicht; sie hocken einfach da und freuen sich ihres Meloneseins.

Als Issa sein Heimatdorf wieder einmal besuchte, mußte er sehen, daß die Insekten dort seine Empfindungen nicht teilten:

Mein Geburtsort!
Sogar das Kleingetier beißt mich.

Shiki gewährt uns einen kurzen Blick auf ein Feld am Fuße eines Bergzuges, oben die ziehenden Wolken, unten die winzige Gestalt eines Bauern:

So arglos, wie die Wolken sind,
bestellt er das Feld:
Unter dem Südgebirge.

Berge, Wolken, ein Mann und Felder – ihrer eigenen Natur genügend, weder herrschend noch beherrscht. Nicht getrennt und auch nicht zusammen.

Ein jedes Feld, das wir beackern, in seiner Natur erleben und es dann seiner Natur gemäß bestellen – da ist Harmonie und schöpferisches Tun.

Bild 5 : Von irgendwoher ragt ein Felsvorsprung hinaus. Zwei Bambuszweige bieten sich unserem Blick dar. Ein kleiner Vogel sitzt still da, und was immer auf dem Berg oder in dem Bambuswäldchen hinter ihm oder im Abgrund vor ihm sein mag – es berührt ihn nicht.

Was haben die Bambusblätter und der Vogel zu bedeuten? Sind sie schön? Sind sie nützlich? Das geschäftige, klassifizierende Grashüpferbewußtsein bemüht sich, sie einzuordnen. Vergebens. Vor solch einem Jetzt der Ewigkeit, in eine Nichtspanne der Zeit gebannt, verstummt dieses Bewußtsein.

Die Bambusblätter, der Vogel, der Felsvorsprung – sie *sind*. Sie existieren als Bambusblätter, Vogel, Felsvorsprung, das ist alles. Kein Woher, kein Wohin. Im Abgrund der Leere nehmen sie ihren Platz ein mit den unzähligen Formen, die der Leere entspringen und wieder in sie zurücksinken. Groß, klein, beweglich, feststehend – jedes bekundet seine eigene Natur.

Sie auch. Können Sie so still dasitzen wie der Vogel und der Bambus und der Fels? Können Sie sich als eine Form empfinden, die aus formloser Energie kam und ein Teil von ihr ist, die ganz für sich selbst existiert, jenseits aller Kategorien, denen man sie zuordnen mag? Können Sie einfach nur gewahr sein wie die Felsspitze, der Bambus, der Vogel, gebannt in eine Nichtspanne der Zeit? Ein Nicht-Ich? Ein Sein? Eine formlose Form? Ein . . .

Auf dem entblätterten Ast
hockt eine Krähe –
Herbstabend.

Bashō

Noch so ein zeitloser Augenblick, den wir auskosten
und in unsere Nervenzellen aufnehmen können.

All die Lebewesen!
Wie sie da wimmeln
zwischen blühenden Blumen.

Issa

Blumen blühen still. Menschen wimmeln rastlos. Je
nun – sie blühen, wir wimmeln. Das ist alles, sagt Issa.

Ein Frosch.
Still und gelassen
glotzt er die Berge an.

Issa macht sich hier wohl ein wenig lustig auf Kosten
eines Frosches und vermutlich auch jener etwas dick
auftragenden «mystischen» Poeten. Und natürlich auf
unsere Kosten, wenn wir das stille Dasitzen zu ernst
nehmen. Wimmeln gehört eben zu unserer Natur.

Alles

Alles existiert in Beziehung zu anderen Dingen.

Bild 6: Auf den ersten Blick sehen wir wahrscheinlich eine unwirtliche Landschaft aus bizarr zerklüfteten Felsen und Bergen unter einem gewaltigen Himmel. Schaurig. Menschenfeindlich. Dann sehen wir näher hin. Leute kommen einen Weg herauf, der offenbar ganz mühelos zu begehen ist und zu einem kleinen Dorf führt, das unterhalb eines Felsüberhanges geduckt daliegt. Tatsächlich, ein Dorf, dessen Häuser sich so gut in die Landschaft einfügen, daß sie wie ein Teil von ihr wirken. Wer da wohl lebt? Nun, mal sehen. Was ist auf dem See? Leute in einem Boot. Also ist es wohl ein Fischerdorf, wo man vom Reichtum des Sees lebt. Und da ist noch ein Pfad, der sich rechts oberhalb des Dorfes hinaufwindet. Er führt zu einem Teehaus, das in einer kleinen Baumgruppe oben am Rand einer Klippe steht.

Statt einer unbewohnbaren Felseneinöde finden wir also einen ganzen Mikrokosmos mit einem zwar begrenzten, aber sehr effizienten Geflecht von Wechselbeziehungen vor. Unterkunft – die Bäume und Steine. Nahrung – der See und vielleicht der Boden, bewässert von Quellen und Bergbächen. Und für die weniger materiellen Grundbedürfnisse des Menschen steht

寺根芽舍竹和梅
實主相逢心不埃
莫性門前立談久
渡頭日暮待舡來

遠江三雲達寺連六

zwischen Bäumen ein Teehaus und bietet einen herrlichen Ausblick auf das ewig sich wandelnde Panorama der Berge und Täler, des Sees und des Himmels. Ein Ort für Meditation, für Kontemplation, für eine Schale Tee. Und über allem der Himmel mit lebenspendendem Sonnenschein und Regen.

Detail aus Bild 6 (Siehe S. 38)

Jetzt können wir den Blick über das ganze Bild schweifen lassen und die Höhen und Tiefen auskosten – die Felsen, Bäume und Hauser im Vordergrund, die Bergmassive im Hintergrund, die atemberaubend abstürzenden Klippen und den Frieden des endlos sich erstreckenden Sees. Wir spüren die Geduld der Fischer im Boot und die frohe Erwartung der Menschen, die eben nach Hause kommen oder sich aufmachen, um ein, zwei Stunden stiller Freude im Teehaus zwischen den Kiefern zu genießen. So sind die Dinge für Hunderte oder Tausende von Jahren in einer Harmonie der Beziehung gewesen, die dieser Lebensweise Bestand verlieh.

> Abgefallenes Laub:
> Wenn der Westwind weht,
> sammelt es sich im Osten.
> *Buson*

So ist es immer gewesen und wird es immer sein, da altes Laub und der Wind nun einmal von dieser Natur sind.

Selbst für das im Haushalt so dringend benötigte Wasser kann Chiyo sich nicht überwinden, die harmonische Verbindung des Brunnenseils und der Ranke zu stören, die sich über Nacht um das Seil geschlungen hatte:

> Eine Windenranke
> um einen Eimer geschlungen:
> Ich werde die Nachbarin um Wasser bitten.

Onitsura dichtete:

> Eine kühle Brise;
> ein Wispern in den Kiefern
> erfüllt die Luft.

Pst! Stört nicht die Harmonie, die Onitsura im Teehaus auf der Felsspitze empfindet.

Detail aus Bild 7 (siehe Seite 41)

Bild 7: A L L E S – ein Wort von großer Tragweite, das den Geist weiten kann. Niemand kann alles in einem Blick fassen, aber in dieser Landschaft mit ihrem unermeßlichen Horizont ist doch das Grenzenlose eingefangen. Jenseits des Sees, der hinter den Felsen dem Blick entschwindet, liegen Gebirgszüge und weitere Täler. Und wieder dahinter – ist es ein Luftbild? – erstreckt sich ein langer See am Fuß eines Gebirges, das dann, unendlich fern, auch unserem geistigen Auge entschwindet.

Allenthalben auf unserem Erdball sehen wir die Zeugnisse eines geologischen Geschehens, dessen ungeheure Zeitskala ebenfalls jede Vorstellungskraft übersteigt. Seit Äonen runzelt und verschiebt sich die Kruste unseres Planeten. Berge wurden hinaufgepreßt, Abgründe taten sich auf. Dann kamen der Regen und der Frost und der Wind. Und Bakterien und die Bäume mit ihren tiefdringenden Wurzeln. Erdbeben, Feuer und Überflutungen. Und schließlich, nach abermilliarden großen und kleinen Ereignissen, Menschen. Menschen schritten über die nun stille Erde, bestaunten die «unwandelbaren» Berge, fingen Fische in stillen Gewässern, lebten in Holzhäusern und Pavillons an Bächen, die Leib und Seele nährten. Welch wunderbare Harmonie der menschlichen und nichtmenschlichen Natur!

Was bildet die Grundlage dieser Harmonie? Milliardenfacher Austausch zwischen Frost und Fels, Wasser und Sand, Baum und Erde, Gebirge und Wolken. Jeder Austausch findet gemäß seines eigenen Tao statt – entlang des Weges, den die Dinge nun mal nehmen. Die Summe liegt vor uns: Der gegenwärtige Augenblick ist das Ergebnis all dessen, was je geschehen ist. Alles hat seine Ursache, und jedes Ding hat seine Ursache in allem.

Sub specie aeternitatis, unter dem ruhigen Blick des uranfänglichen Tao – was gäbe es da, sich zu ängstigen und aufzuregen? Das Salz der Meere ist da in unserem Blut, das Kalzium der Felsen ist in unseren Knochen, die Gene Zehntausender Generationen von wackeren Vorfahren sind in unseren Zellen. Die Sonne scheint, und wir lächeln. Der Sturm tobt, und wir beugen uns ihm. Die Blüten springen auf, und uns lacht das Herz. Die Erde ist schon lange unser Zuhause.

Bashōs Herz flog hin zu den kleinen Veilchen hoch oben am Bergpaß:

Veilchen
am Bergpfad:
Sie haben etwas so Bescheidenes.

Und ein andermal, in anderer Stimmung, schließt die Natur sich ihm mit wehenden Blättern und rennenden Tieren zu gemeinsamem fluchtartigem Rückzug an:

Alles wird davongeweht,
sogar Wildschweine und ich:
Herbststurm.

Einmal, so wird erzählt, während Bashō mit Freunden im Garten meditierte, hörte er einen Frosch in den kleinen Teich springen. Spontan soll er die Worte gesprochen haben, die jetzt die zweite und dritte Zeile des berühmtesten aller Haikus bilden. Haiku-Liebhaber schöpfen aus diesem Gedicht tiefe Ahnungen vom Geheimnisvollen in allen Dingen.

Der alte Teich;
ein Frosch springt hinein:
Wasserplatschen.

Das Ich

**Das Ich und der Rest des Universums
sind nicht getrennt,
sondern ein wirkendes Ganzes.**

Bild 8: Ein See. Drei Leute werden übergesetzt. Auf der Landzunge, die am anderen Ufer in den See ragt, warten drei Leute, vielleicht, um zu dem kleinen Gasthaus übergesetzt zu werden. In der Ferne, vor den Bergen, sitzt eine Gestalt in gemächlicher Ruhe in einem Boot, wahrscheinlich ein Fischer. Weit hinten im Dunst stürzen Bäche die Hänge herab und speisen den See. Hier waltet eine geordnete Harmonie, eine unsichtbare Ökologie, in der jeder Teil die anderen Teile braucht. In dieser Welt existiert jedes Ich als ein Teil des Ganzen, und das Ganze hat Bedeutung für jedes Ich.

Wir können kaum behaupten, Ich und Nicht-Ich seien eins, denn offensichtlich sind ja der See und der Fischer nicht dasselbe. Genauso offensichtlich jedoch wäre der See ohne den Fischer nicht Fischgrund und der Fischer ohne den See kein Fischfänger. Sie sind also nicht unverbunden, sondern beide sind Teil eines Wirkgefüges.

In den Rhythmen dieses neunhundert Jahre alten Bildes spüren wir die Energieströme vom Ich zum Nicht-Ich zum Ich zum Nicht-Ich. Berge und Dunst und Wasser und Ufer und das Gasthaus, das Fähr-

Bild 8

boot, die Leute – jeder Mensch, jede Stelle, jedes Ding
ein Kreuzungspunkt, an dem Energieströme empfangen, transformiert, ausgesendet werden. Lauter Kno-
ten im kosmischen Netz.

Bashōs Haikus künden immer wieder neu von dieser
Einheit. Beim Großen Schrein von Ise spürte er etwas
hereinströmen, das von sinnlicher und ebenso von
ganz anderer Natur war:

> Der Duft!
> Wenn ich auch nicht weiß,
> woher er kommt.

In den nächsten beiden Gedichten Bashōs sind die
Energieströme, die Ströme des Austauschs, ebenso
real, aber diesmal unsichtbar:

> Zum Pfad der Sonne
> wenden die Stockrosen sich hin
> im Mairegen.

> Hinter grauen Regenschleiern
> unsichtbar der Fuji:
> Noch schöner heute.

Bild 9: Still dasitzen, nichts tun . . . Auch der Baum sitzt still da und tut nichts. Auch die Felsen und die Sträucher, die Berge und das Wasser, die Luft und die Wolken. Eigentlich tun alle Teile dieses Kosmos dasselbe: Sein. Die Zellen des Baumes, Abermillionen, erfüllen ihre verschiedenen Funktionen. Das Wasser ist noch aktiver – Hunderttausende von Bakterien in jedem Schlückchen. Und in dem still dasitzenden Weisen zirkuliert das Blut durch ein kilometerlanges System von Röhren, um Milliarden aktiver Zellen zu ernähren.

Auf der zellulären Ebene und erst recht auf der elektromagnetischen Ebene wirken alle Lebewesen, ja alle Dinge auf diesem Bild zusammen. Der Mann sitzt still da, und so ist er seiner Umgebung näher als beim Umhergehen. Still dasitzend empfindet er eher seine Verbundenheit mit der übrigen Natur, als wenn er etwas täte. Der Buddha machte sich empfänglich für die Erleuchtung, als er so dasaß. Die Verklärung Christi geschah, nachdem er viele Tage in der Wüste gesessen hatte. Indem unser sitzender Weiser alle innere und äußere Bewegung zum Stillstand bringt, wird er dem nichtanimalischen Teil des Universums ähnlicher und macht sich für tief vergrabene Intuitionen zugänglich, die sein Leben reicher machen werden.

Wenn er von seinem Sitzplatz auf dem Berg hinausschaut ins Land, nehmen seine Sinne Licht- und Schallwellen, Temperatur- und Geruchsreize, Berührungsempfindungen durch Boden und Luft auf. Dieser niemals ruhende Computer-Transformator, sein Gehirn, entwirft ihm ein Gesamtbild von diesem Teil seines Kosmos. Er selbst erschafft seine Berge, seine Gewässer, seine Bäume und Steine und Wolken, die alle Teil von ihm sind, da sie in seinem Gehirn existieren.

> Unter den Bäumen schreitend,
> macht er nicht einen Grashalm zittern;
> im Wasser schwimmend,
> wirft er nicht die kleinste Welle auf.

Buson bekundet die Schönheit des blühenden Pflaumenbaums:

> Die Strohmatte in der Wiese ausgebreitet,
> saß ich da und schaute staunend
> die Pflaumenblüten.

Was für Ausblicke und Einsichten sich erschließen mögen beim stillen Dasitzen? Für Issa war es dies:

> Eine Libelle –
> die fernen Hügel
> in den Augen gespiegelt.

Und was konnte Buson hören/sehen beim Meditieren in einer stillen Bergklause?

> Ein Bergkloster;
> eine Mönchshand verfehlt die Glocke –
> kaum hörbarer Laut.

Bild 9 ▶

Das Universum erschafft uns; wir erschaffen unser Universum. Still dasitzen.

Busons Bild des stillen, forschend versunkenen Alters ist von ganz anderer Art als die jugendliche Dynamik in Bashōs luftigem Ballett, und doch haben beide diesen Zug von intensiver Sammlung:

> Zwei Schmetterlinge:
> Sie tanzen in der Luft, bis,
> doppel-weiß, sie sich begegnen.

Hand in Hand mit der Natur

**Der Mensch ist ein Kind der Natur
und kommt am besten zurecht,
wenn er Hand in Hand mit ihr arbeitet,
anstatt sie beherrschen zu wollen.**

Bild 10: Ein Mann, lang hingestreckt. Nicht hingestreckt vom fieberhaften Bergeversetzen, sondern hingestreckt, um die Berge zu genießen, wie sie sich selbst geschaffen haben. Sein Geist ist so frei von Gedanken an Verbesserungen und Fortschritt, wie die Landschaft, die er betrachtet, regungslos, von Fluß, Dorf und Bäumen frei ist.

Das Gebirge zeigt nur einige ferne Kuppen über dem Dunst. Das Tal zeigt nur ein Stückchen des diesseitigen flachen Ufers. Das Ufer trägt nur ein paar Steine und Schilfstengel, die sich erdwärts neigen. Der flache Kahn dümpelt ein paar Meter vom Ufer weg und trägt den ausgestreckt Meditierenden.

Eine Welt der Horizontalen. Keine Vergnügungsparks recken ihr Gebälk aus dem Sand. Keine Gipfelhotels und Fernsehmasten überziehen die Berge wie Ausschlag. Diesem Mann und seinen Vorfahren genügte es, vertrauten Umgang mit der Natur zu haben. Kontemplation bedeutete ihnen mehr als Eroberung und Unterwerfung.

Diese ganze gewaltige Weite ist voller Leere, offen für die transformierende Kraft seines Bewußtseins. Sie existiert in ihm wie er in ihr. Weshalb sollte er sich so

Bild 10

etwas wie Fortschritt antun? Wozu sich über etwas erheben wollen, wenn man eines Sinnes mit ihm sein kann? Er lebt nicht nach dem Motto «Nach mir die Sintflut». Seine Lebensweise sagt vielmehr: «Nach mir viele Generationen, so glücklich wie ich.»

Auf Steinen unter Frühlingsrosa
nähme ich gern ein paar Schluck –
und dann ein schönes Schläfchen.
Bashō

Generationen hatten hier schon gebechert und geschlummert, bevor der Dichter des Weges kam. Generationen werden noch folgen. Und immer werden im Frühling die blaßrosa Blüten auf den Steinen prangen.

Ich arbeite auf dem Feld
im Schatten des Hügels –
kein einziger Vogel singt.
Buson

Wenn Buson die Stille derart intensiv hören konnte, betrieb er seine Arbeit wohl nicht mit sehr viel Energie.

Über dem Dunst
von Zeit zu Zeit
zieht der See ein Segel auf.
Gakoku

Das Boot und seine Besatzung sind ein so natürlicher Bestandteil dieser Umgebung, daß es ist, als zöge der See selbst das Segel auf. Fast verschwindet das Boot in der Wasserweite, doch es wird auch vom Wasser getragen. Der Wind könnte es kentern lassen, doch er treibt es voran zu seinem Bestimmungsort. Wellen, Boot und Dunst – innig verbundene Teile eines Ganzen.

Bild 11: Was könnte wohl eine bessere Veranschaulichung dieser Zen-Aussage sein als dieses Bild? Die Menschen gewahrt man auf den ersten Blick kaum, so klein sind sie, so wenig unterscheiden sie sich von den mineralischen und pflanzlichen Formen – so winzig unter dem großen Himmel.

Doch beharrlich gehen die Menschen, die völlig eins sind mit ihrer Umgebung, ihren Verrichtungen nach. Diese Welt der Berge und Sturzbäche und knorrigen Kiefern ist auch ihre Welt. Das Luftmeer, das die Berge und Seen einhüllt, birgt und erhält auch sie. Sie haben teil an der Harmonie von Himmel und Erde. Hier bauen sie ihre Häuser und Tempel und verweilen in behaglicher Betrachtung der Umgebung. Sie ebnen nicht die Berge ein, sie fluten das Flußtal nicht über Hunderte von Quadratkilometern. Sie vergewaltigen, verwüsten, beschmutzen ihr Land nicht.

Auf vielen abendländischen Gemälden nimmt Homo sapiens den größten Teil der Leinwand ein, Berge und Seen und der Himmel dienen nur als nebensächlicher Hintergrund für seine ungeheure Wichtigkeit. Auf Zen-Landschaftsbildern stehen Mensch und Umwelt in einem adäquaten ökologischen Verhältnis zueinander: Kein Element beherrscht oder beschädigt ein anderes.

Deswegen wird beim Betrachten dieses Bildes (und anderer, die die gleiche Einsicht zum Ausdruck bringen) ein Gefühl von Harmonie aufsteigen. Der Bergpfad ist mühsam, aber er führt uns zum Ziel. Das Wasser kann von furchtbarer Gewalt sein, aber es löscht auch den

Durst, und man kann sich auf ihm fortbewegen. Die mit dem Boden verwachsenen strohgedeckten Häuser kuscheln sich in schützende Felseinschnitte, hokken auf buckligem Ausguck oder fügen sich in ein Wäldchen ein – leise, zurückhaltend wie ihre Erbauer. In solch einer zeitlosen Landschaft fallen die Spannungen von dir ab, und du gewinnst das Gefühl für die grundlegenden Dinge des Daseins zurück. Auch *Sie* sind ein Teil dieser Harmonie. überlassen Sie sich ihr.

Onitsura spricht die Nichtdualität dieser beiden Welten aus:

> Ich folge dir:
> Eine lautlose Blüte
> in meinem innersten Lauschen.

Er hat sich für die Botschaft von außen empfänglich gemacht; der Austausch geschieht mühelos, spontan und still.

Dem nächsten Haiku merkt man an, daß Bashō Zen-Landschaften betrachtet hat und seine Zugehörigkeit zum Ganzen empfindet:

> Mein Pferd auf dem Feld
> mit Hufgetrappel . . . Oh-ho!
> Auch ich bin Teil des Bildes!

Und was sagt Ihnen das Bild in diesem Haiku von Ransetsu?

> Über den singenden Pilgern
> auf der dunstigen Straße
> fliegen Wildgänse.

Kein Ego

**Es gibt kein Ego im Sinne einer
endlos fortdauernden, unwandelbaren
Seele oder Persönlichkeit, die
vorübergehend einen Körper bewohnt.**

Bild 12: Welcher Reichtum des Angedeuteten in diesem Bild Sessons von einem Sturm auf dem Meer! Mit wenigen Pinselstrichen läßt dieser Zen-Priester die ganze Gewalt eines gegen das Land brausenden Sturms entstehen, unter der sich die kahlen Äste biegen, die Brandungswellen ans Ufer krachen und ein kleines zerbrechliches Boot in schneller Fahrt die Küste entlangsegelt.

Im Boot sehen wir zwei Männer. Vornüber gebeugt, stemmen sie sich gegen die Böen, steuern das Boot und kümmern sich um die Takelage. Der Baum hat schon vielen solchen Anstürmen standgehalten, und sie gehen ja auch vorüber. Manchmal muß das feste Land die donnernde Brandung zurückwerfen, dann wieder breitet es warmen Sand vor sich aus als Spielplatz für Kinder. Auch das kleine Schiff und seine Besatzung haben ihre Stimmungen, und diese sind Teil der Stimmungen von See und Wind.

Wie sieht eigentlich die «wirkliche» Stimmung der See aus? Giert sie nach Menschenopfern, oder versorgt sie uns gütig mit Nahrung? Und was ist die «eigentliche» Natur des Baumes – unnachgiebige Stärke oder anmutige Geschmeidigkeit? Und das Schiff –

Nutzfahrzeug zum Fischfang oder eine wendige, beinahe lebendige Schöpfung, die ihre Besatzung vor dem Wuten der Elemente beschützt? Die Männer Herren oder Sklaven, von unbekümmertem Zutrauen oder stoischer Durchhaltekraft?

Nichts davon und doch alles. Also was sind wir denn nun? Eine unsinnige Frage. Was sind denn Sie? Das Ich, das immer gleich bleibt, ist eine Fiktion. Das fiktive Ich, das eine Krankenversicherungsnummer, eine Führerscheinnummer, eine Kreditkartennummer (oder etliche) hat, bleibt sich in der Tat gleich. Sein Name steht auf Schecks und Antragsformularen und Briefen. Es existiert in Aktenschränken und Computern.

Aber das lebendige Ich, das eine Einkommenssteuererklärung unterschreibt, und das lebendige Ich, das einen Liebesbrief unterschreibt, sind ganz verschieden. Die Person, die in jungen Jahren eine Lebensversicherungspolice unterschreibt, ist eine ganz andere als die, welche mit fünfundsechzig den Empfang des Geldes quittiert. Der Versager beim Golf ist ein Ass im Pingpong.

Genießen Sie Ihr stilles Ich, während Sie hier still sitzen. Vergessen Sie Ihr betriebsames Ich. Dieses Vergessen ist kein Verleugnen des wirklichen Ich. Da ist kein wirkliches oder eigentliches Ich, das zu verleugnen wäre – kein Ich von immer gleichem Muster, gleicher Stimmung, gleichem Intelligenzgrad, gleicher Gefühlslage. Das lebendige Ich ändert sich ständig. Leben Sie jetzt; nehmen Sie sich an, wie Sie jetzt sind. Niemand wird immer nur getadelt oder immer nur gelobt.

In jedem Augenblick werden Sie von einer anderen Welle gehoben, aus einer anderen Richtung angeweht, von einer anderen Küste verzaubert oder bedroht. Von Augenblick zu Augenblick verändert sich die Chemie Ihres Körpers, und Sie reagieren unterschiedlich auf wechselnde äußere Reize. Wenn der Wind Ihnen zu stark erscheint, denken Sie daran, daß er wie-

64

der nachlassen wird. Wenn die Wellen Ihnen zu hoch sind, denken Sie an die stille Tiefe darunter. Der Baum und die Küste nehmen den Sturm ebenso hin wie die Meeresstille. Sie müssen auch hinnehmen – notgedrungen. Seien Sie in dem, was geschieht, ein Teil davon – ohne ein Ego, das sich separiert. Sie werden das Hinnehmen sehr viel erfreulicher finden als das Beharren auf dem Anspruch, daß die Welt sich einem gewissen Ego anpassen soll, welches sich als den ewigen und unwandelbaren Mittelpunkt der ganzen Veranstaltung empfindet. Dieses kleine Schiff übersteht den Sturm, weil es seine Bewegungen dem Wogen der Wellen und dem Toben des Sturmes anpaßt.

> In die kalte Nacht hinaus
> sprach ich laut. Die Stimme war
> keine, die ich kannte.
> *Otsuji*

Das wäre wohl ein Schreck für jemanden, der meint, er sei immer dieselbe Person, und sein Ego spräche immer mit derselben Stimme.

> Der Strand von Furue im Regen:
> Grauer Sand und graues Wasser
> gehen ineinander über ohne Rand.
> *Buson*

Liebende wissen, daß sie ineinander übergehen ohne Rand. Gehen wir und Teile unserer Umwelt vielleicht mehr ineinander über, als uns lieb ist? Wenn Ihre Umgebung auch Ich ist, wo ist dann dies ach so wichtige Ego?

> Ein Mönch im Nebel:
> Sichtbar
> durch seine Fußglöckchen.
> *Meisetsu*

Wo hört der Mönch auf? Und wo hören Sie auf?

Bild 13: Der Maler dieses Bildes von einem Wasserfall muß wohl beeindruckt gewesen sein von der Kraft und Schönheit des Hochwasser führenden Flusses. In Schwüngen umspült das Wasser die Vorsprünge der Felsufer und überspringt eine natürliche Barriere, wo die beiden Steilufer zusammengewachsen sind. Am Fuß der Kaskade bauschen die Wassermassen Schaum und Gischt auf. Dann strömt der Fluß in ewig rollenden und ewig erneuerten Wellen weiter.

Und hier liegt das Geheimnisvolle und Faszinierende solch eines Schauspiels: Unaufhörlich entschwindet das Wasser stromabwärts, um schließlich von Meer und Atmosphäre aufgenommen zu werden. Der Fluß aber bleibt: Das Muster der Wirbel, Strudel und Wellen bleibt immer gleich, Stunde für Stunde, Tag für Tag. Immer verschieden und doch immer der gleiche ist der Fluß.

Genauer gesagt: Was gleich bleibt, ist unsere Wahrnehmung des Flusses. Die Muster, die in uns gebildet werden, während wir dem Lauf des Wassers zuschauen, sind immer die gleichen – kein Wunder, denn die Gesteinsstrukturen und die Natur des Wassers sind praktisch unveränderlich.

So sehen wir gern auch ein unveränderliches Ich, weil unser Körper im großen und ganzen der gleiche bleibt und wir als juristische Personen immer der- oder dieselbe sind. Da dieses Ego ohnehin nur eingebildet ist, können wir ihm leicht eine stabile und ewige Natur andichten. Unser Sicherheitsbedürfnis verleitet uns, eben dies zu glauben. Wenn das Ego der Mittelpunkt unserer Welt ist, würde die Annahme

Bild 13

seiner Vergänglichkeit ja diese ganze Welt ins Wanken geraten lassen.

Der Preis für die Illusion der Sicherheit besteht in dem Zwang, unser kostbares Ego unentwegt gegen eine feindselige Welt zu verteidigen, die uns geringschätzig behandelt oder beleidigt, die unseren wahren Wert als Mensch und im Beruf verkennt. Und ebenso zwanghaft bestehen wir darauf, daß die Gesellschaft uns die volle Ausschöpfung dieses so erstaunlichen Ego zu ermöglichen hat. Das Strömungsmuster meines Ego – mein Stolz, mein Status, meine finanzielle und berufliche Sicherheit, die rechte Würdigung meiner Stärke – muß unverändert bleiben. Kurzum, wir zahlen für die Illusion eines unwandelbaren Ego dadurch, daß wir unentwegt gegen unsere Umwelt prozessieren müssen.

Könnten wir den Glauben an eine derartige Ego-Wesenheit oder Seele ablegen, wir wären damit zugleich auch dieses Prozessieren los. Das Wasser fließt – manchmal in breitem, stillem Strom, manchmal reißend und an Felsen schlagend. Dieser Strom erfreut den Künstler, begünstigt den Bauern, füllt die Meere, steigt als Dunst auf, um als Regen und Schnee wieder zu fallen und Quellen zu speisen, die den Fluß füllen, der strömt und strömt. Was ist das Wasser «eigentlich» – der Fluß oder die Freude oder die Begünstigung oder der Zyklus von Verdunstung und Niederschlag? Nicht dies oder das, sondern all das. Es fließt. Wir leben.

Wassertropfen vom Bambus,
aufblitzend
im Blitz.
Buson

Flüchtig. Ewig. Wo sind die Tropfen jetzt? Bestimmt
doch irgendwo. Im Meer? In den Wolken? In den
Stromschnellen?

Bashō hört im Bambus etwas, das vom Strom der
Zeit kündet:

Die letzte Nachtigall singt
im Dickicht des jungen Bambus
ein Lied vom Alter.

Der englische Dichter Keats nannte diese Nachtigall
unsterblich, doch unwandelbar und ewig war sie nur
als Muster, nicht als individuelles Lebewesen. Bashōs
Frühlingsvogel verweilt noch für ein letztes Lied im
Sommerbambusdickicht.

Shiki sieht den gegenwärtigen Augenblick in einem
scheinbar gleichbleibenden Zusammenhang leben und
sich wandeln:

Im strohgedeckten Tempel
des Saddharma Puṇḍarīka*
blüht der Hahnenkamm.

---

* *Saddharma Puṇḍarīka* ist der Originaltitel des sog. *Lotos-Sūtra*, in
dem das «ewige Gesetz» des Buddha-Dharma verkündet wird.

Der Hahnenkamm blüht, die Nachtigall singt, der Blitz zuckt, der Fluß strömt. Wir leben und lieben und bilden Muster und . . .

Wahre Einsicht

Wahre Einsicht erwächst nicht aus Spezialwissen,
aus der Zugehörigkeit zu exklusiven Zirkeln,
aus Doktrinen und Dogmen.
Sie erwächst aus vorbewußten Ahnungen
dessen, was wir in Wahrheit sind,
aus unserer ursprünglichen Weisheit.

Bild 14: Hier ein Gemälde, das den Geist vor Entzük-
ken das Denken vergessen läßt. Auf der sinnlichen
Ebene bilden die subtilen – und subtil verflochtenen –
Bögen der Baumstämme und Äste, der nahen und fer-
nen Buchten, des Bootes und der Lotospflanzen einen
Tanz der Formen. Jenseits der Sinne erschließt das
Bild in der Ferne, wo die Details in pulsierender Leere
verschwimmen, eine Welt der Ahnungen.

Vor der Entstehung eines solchen Gemäldes liegen
viele Jahre des Übens mit Pinsel und Tusche, Jahre des
Studiums von Gemälden dieser Schule, Jahre der Beob-
achtung in solcher Umgebung, Jahre der Schulung
durch einen Zen-Meister. Und doch ist unter tausend
längst vergessenen Bildern, die auf diese Weise zustan-
degekommen sind, nur eines von solcher Meisterschaft.
Nur selten wird ein großes Werk geschaffen, denn selten
hat die Technik eine Einsicht von solcher Reinheit zum
Hintergrund. Schulung und Inspiration sind notwen-
dig, doch erst wenn ein Mensch in seinem bewußten
Handeln von den nichtbewußten Intuitionen seines ganzen Seins geleitet ist, kann er wirklich sein Bestes geben.

Der Mann im Boot, der die Lotosblüten betrachtet, könnte ein Maler oder ein Dichter oder ein Zimmermann oder ein Staatsmann sein. Im Moment jedenfalls ist er nicht in irgendeiner Funktion tätig. Vermutlich öffnet er sich einfach den sinnlichen Eindrücken aus der Umgebung; er sitzt da und scheint nichts zu tun. Doch was in ihm vorgeht, wird vielleicht zu einem großen Gemälde oder Gedicht, zu einem großen Werk der Schreinerkunst oder einer großen politischen Entscheidung. Vielleicht wurde der Maler dieses Bildes durch solche Meditationen zu diesem Meisterwerk befähigt.

> Kein Öl mehr zum Lesen,
> also ab ins Bett . . . Ah!
> Mein Mondlichtkissen!
>   *Bashō*

Es war vielleicht Bashōs bester Moment an diesem Abend, daß er nicht anderer Leute Worte weiterlas und offen war für die Überraschung dieses köstlichen Anblicks seines im Mondlicht schimmernden Kopfkissens. Solange das Licht noch brannte, war es ihm nicht gegeben, sich am Mondlicht zu erfreuen.

> Du dumme Vogelscheuche!
> Grad unter deinen Steckenfüßen
> picken die Vögel den Reis!
>   *Yayu*

◀ *Bild 14*

Yayus Vogelscheuche trägt Menschenkleidung, aber etwas fehlt doch. Für einen guten Wissenschaftler, einen echten Lehrer braucht es mehr als einen Doktortitel.

> Ihre Namen weiß ich nicht,
> doch jedes Unkraut
> hat seine zarte Blüte.
>
> *Sampu*

Vor Hunderten von Jahren wurde es von Sampu, dem armen Fischhändler, gesagt.

Bild 15: Aufzusteigen zu einem Vorsprung oder dem Gipfel und auf die Welt hinunterzuschauen, das hat etwas Freies und Sauberes. Man hat die Welt der Verkehrsschilder und -regeln, die Welt der ausgetretenen Pfade hinter sich gelassen, wo die Menschen einander ewig mit ihren Körpern, Bedürfnissen und Gedanken anrempeln, wo man sich versteckt hinter den Masken vieler Rollen. Hier oben sind Sie ganz aus einem Guß. Sie reagieren auf den herrlichen Ausblick in die Landschaft, auf Felsen und Blumen, Sie lassen ozeanische Gefühle zu. Sie reagieren auf die tiefe Stille, die Reinheit der Luft, die Kraft des Windes, die angenehme Ermüdung durch den Aufstieg, die Entspannung der wohlverdienten Rast.

Eine ähnliche «Flucht in die Ganzheit» ist möglich durch das stille Sitzen auf Ihrem Meditationsplatz. Hier können Sie die Probleme vergessen, die Ihre Zuwendung fordern, die gesellschaftlich bedingten Anschauungen, von denen Sie sich gewöhnlich herumschubsen lassen. Sie werden zugänglich für vorbewußte Intuitionen, die aus einer Quelle aufsteigen, welche man als Ihre «ursprüngliche Natur» bezeichnen könnte.

Man kann das Lachen in Jittokus Gesicht spöttisch finden. Vielleicht amüsieren ihn die Maskeraden, die die Menschen in den Städten da unten so ernst nehmen. Wie er da oben so allein in den Winden der vier Himmel steht, kann er Einblick in die Natur der Dinge gewinnen, wie sie ihm zu sehen gegeben ist.

Schlichtheit und Erhabenheit sind in diesem Haiku von Bashō:

> Der Juni kommt.
> Der Berg Arashi
> legt Wolken auf seinen Gipfel.

Nichts von ausgesucht «poetischer» Sprache, keine besondere Technik, keine Doktrin. Die schlichte Eins-zu-eins-Abbildung einer Begegnung von Mensch und Berg. Ganz schlicht. Erhaben schlicht.

Und was sagt Ihnen die folgende Vignette Bashōs?

> Bemoostes Steinbecken
> steht neben
> den Kirschblüten.

Daß der Geist beim Betrachten der Kirschblüten ganz von selbst still wird, liegt, wie der Haiku-Kenner R. H. Blyth sagt, nicht so sehr an der Schönheit der Blüten, sondern hat den gleichen Ursprung wie diese Schönheit, nämlich die von allem Ichbewußtsein freie Soheit – sein, was man ist, ohne Pose, ohne Selbstbezogenheit. Das gleiche ließe sich von dem Steinbecken sagen, wie es so schwer und dauerhaft neben den zarten Kirschblüten steht.

Bashō führt uns das schöpferische Potential vor Augen, das wir freisetzen könnten, wenn wir uns nur

freimachten von dem Verlangen, uns irgendeiner
Lehre oder Gruppe zugehörig zu fühlen.

> Die weiße Chrysantheme:
> Nicht ein Stäubchen
> zu sehen.

Leere

In der Leere werden Formen geboren.
Wer sich aller im Laufe der Jahre
angesammelten Annahmen,
Schlußfolgerungen und Urteile entleert,
kommt dieser ursprünglichen Natur nahe
und wird zu originellen Ideen gelangen und
zu spontanen Reaktionen fähig.

Bild 16: Der Schöpfer dieses Bildes, Niten (Miyamoto Musashi), war ein berühmter Schwertmeister und ein großer Maler – die äußerste Schlichtheit und Direktheit dieses Bildes sollte uns also nicht überraschen. Der lange dürre Ast muß mit zwei sicheren, schwungvollen Pinselstrichen gemalt worden sein, so sicher und schwungvoll wie Nitens Schwertstreiche waren. Nichts von Zaudern oder Fahrigkeit. Überlegung, Unentschlossenheit bedeuten im Zweikampf Tod und beim Malen Mißlingen – die Unfähigkeit, mit Pinsel und Tusche jener schlichten Direktheit Ausdruck zu geben, die für die Haltung innerer Ruhe und Sammlung erforderlich ist.

Diese Schlichtheit hat nichts mit Einfalt oder Phantasielosigkeit gemein. Erkennen Sie in der etwas feindseligen Situation, wie sie durch den dürren Ast und den gespannten aufmerksamen Vogel gegeben ist, einen Anflug von Humor? Sehen Sie die Raupe, die den Zweig hinaufkriecht? Ein furchtloses, haariges Kerlchen, das sich blind hinauftastet, womöglich zu einem «gemeinsamen Abendessen» mit dem Würger-Vogel.

Nitens Schlichtheit ist der fruchtbare Boden für eine unübersehbare Zahl von Möglichkeiten. Diese Schlichtheit ist dem verwandt, was die Buddhisten «Leere» nennen.

Beachten Sie den scheinbar leeren Hintergrund, vor dem der Ast und der Vogel stehen. Der größte Teil des Bildes ist leer, und doch ist uns so, als sei hier viel zu sehen: Bäume, Wälder, Berge, Wolken, Gräser – stellen Sie sich irgend etwas vor, und es ist da. In diesem Augenblick aber existieren vor allem ganz schlicht ein dürrer Ast, ein Vogel, eine Raupe. Oder besser: Hier existieren ein paar beherzte, mit großer Bestimmtheit gezogene Striche, aus denen wir ein Drei-Punkte-Bild machen können, das uns zum Stillstand bringt – klar, gesammelt, «lauschend». Vollkommene Ausrichtung. Schlichtheit. Alles übrige ist schwangere Leere.

Spricht für Sie Schlichtheit aus diesem Haiku Bonchos?

> Vom Schnee verschlucktes Tal:
> Allein der Fluß gemalt
> als schwarze, geschwungene Linie.

Alles scheint ausgestorben, bedeckt von erstarrten Schneeflocken. Der Fluß ist kein lebendiger, fließender, wirbelnder Strom, sondern wie gemalt. Wieviel stiller kann man noch werden? Hier ist die Stille des

Bild 16 ▶

Nicht-Lebens. Leere. Eine Kalligraphie – schwarze geschwungene Linie auf Weiß. Doch wir wissen, daß unter dem weißen Schnee und dem schwarzen Eis das Leben wartet. Und unter der Unbewegtheit eines still dasitzenden Menschen liegt das Potential zu lebhaftem, schöpferischem Tätigsein. Doch eben jetzt ist nicht die Zeit des vielfältigen Handelns, sondern die Zeit der Stille, des Rastens, des Kräfte-Erneuerns. Die Zeit der absoluten Schlichtheit. Die Zeit der Leere, der viele neue Formen entspringen werden.

> Stimmen zweier Glocken
> von den Tempeln im Zwielicht:
> Ah! Kühles Zwiegespräch.
> *Buson*

Und wenn Busons Dialog Ihnen noch nicht schlicht genug ist, nehmen Sie seine Kamelie:

> Eine Kamelie fiel hinab
> in das Wasser
> eines stillen, dunklen Brunnens.

Bild 17: Ohne die beiden Pavillons und die Gestalt in dem unteren als Anhaltspunkt könnte dies ein Bild von allen möglichen Dingen sein – Gebilde auf dem Meeresboden oder in einem Aquarium, Oberflächenformationen eines Phantasieplaneten, Termitenbauten. Geben Sie ihm einen Namen, und das ist es.

Zwei Drittel des Bildes bestehen aus «Nichts», aus Raum, aus Leere. (Und Gott sprach: «Es werde Form», und es ward Form.) Ein Zen-Bild hält Sie an zu gottähnlichem Schöpfertum; es zeigt Ihnen die Leere, aus der Form zu erschaffen ist, und lädt Sie ein zu einem Austausch. Der Künstler gibt Ihnen einen oder zwei Anhaltspunkte, doch wie ein guter Haiku-Dichter überläßt er es Ihnen, aus Ihrer «ursprünglichen Natur» Ihre eigenen Formen und Bedeutungen zu schöpfen.

Versuchen Sie, sich bei der Betrachtung dieses Bildes jedes Kommentars zu enthalten. Wenn Sie keine Worte eindringen lassen, unterbinden Sie den Strom vorschneller Schlüsse und konventioneller Anschauungen. Dann werden Sie empfinden, wie Formen in Ihnen geboren werden, während Sie dieses oder jenes Detail der Landschaft betrachten. Es kann Ihnen so vorkommen, als wollten diese Formen geradezu aus Ihnen hervorbrechen. Vielleicht empfinden Sie, wie dieser ganze leere Himmel von lauter Licht und Energie zu pulsieren beginnt. Sei stille und erkenne, daß DU-ES Gott ist.

Sokan macht aus einer sphärischen Leere einen langen Frühlingstag:

> Einer vollkommenen Rundung entsprungen,
> und doch, wie lang:
> ein Frühlingstag.

Bashō singt das Loblied derer, die sich billiger Schluß-folgerungen enthalten:

> Die den Blitz sehen
> und nichts denken:
> wie kostbar sie sind!

Daiō machte aus seinem Neujahrstag ein so komplexes Gebilde aus Gedanken und Gefühlen, daß ihm die Worte dafür fehlten:

> Neujahrstag:
> Was ich fühle,
> übersteigt die Worte.

Die Leere und das Schweigen sind kein Nichts, son-dern Fülle. Ihre Fülle.

◄ *Bild 17*

Denken und Handeln

**Wenn man sich selbst
bei seinem eigenen Tun zuschaut,
verdirbt man es leicht.**

Bild 18: Der Zen-Meister sagt: «Wenn du ißt, iß; wenn du schläfst, schlaf.» Wer hatte nicht schon mal Bauchweh nach Diskussionen bei Tisch? Wer hätte nachts nicht schon stundenlang wachgelegen, vibrierend vor Gedanken, Ängsten, Hoffnungen? Wie viele Tennisspiele wurden wohl schon verloren durch Gedanken an den Sieg beim Return?

Die Krankheit des Nachdenkens über unser Tun beim Tun wirkt bei der Tuschmalerei besonders tödlich. Hat der Pinsel einmal das Papier berührt, sind keine Retuschen mehr möglich – das Papier saugt einfach zu stark. Bevor der Künstler beginnt, muß ihm das Konzept klar vor Augen stehen. Und hat er einmal angesetzt, muß er den Pinsel ohne jedes Zögern, ohne jeden Nebengedanken führen, wie der Schwertfechter seine Waffe führt.

Wenn wir uns die Pinselstriche dieses Gemäldes vor Augen führen, wird das deutlich. Betrachten Sie den Kopf des Vogels. Vier Pinselstriche schufen ihn. Der Schnabel – eine dunkle gerade Linie; das Auge – ein Tupfer des gut getränkten Pinsels; der Kopf – zwei leichte, verschwimmende Striche mit der Seite des Pinsels. Hätten Sie auch nur ein winziges Tuschetröpf-

chen gern anders plaziert? Die gleiche Kraft und Öko-
nomie sind in den Beinen und Füßen zu erkennen.
Verlauf und Zeichnung des Gefieders sind mit vielen
einzelnen Pinselberührungen getreulich wiedergegeben. Die fernen Hügel wurden wahrscheinlich in wenigen Sekunden hingeworfen. Dennoch ist der Eindruck von Höhe und Ferne und von einem weiten,
dunstverhangenen Tal vollkommen. Jahre des Studiums und des Übens müssen diesem Bild vorausgegan-
gen sein, doch seine Ausführung erscheint ganz und
gar spontan.

Dieser Reiher und Ryosens Reiher (Bild 23, S. 108)
vermitteln den Eindruck des Einsseins mit dem, was sie
tun. Ryosens Reiher ist im Sumpf auf der Jagd und hat
nichts weiter im Sinn, als mit dem rapierspitzen Schnabel einen Frosch aufzuspießen. Tan'ans Reiher steht
auf einem Stein und blickt über das Tal; vielleicht hält
er Ausschau nach einem vielversprechenden Sumpfge-
biet.

Reiher besitzen keine Sprache, in der sie über sich
nachdenken und ihr Tun kommentieren könnten; nur
der Mensch hat diese eigentümliche Fähigkeit des
Nach-Denkens, und das gibt uns die Möglichkeit, unser reines Handeln durch Gedanken über die Qualität
unseres Handelns zu verderben. Der Sumi-e-Maler
dagegen stellt seine Betrachtungen und Visualisatio-
nen dem Tun voran, und wenn er dann zum Pinsel
greift, handelt er spontan und ohne Nach-Denken.
Wie die Reiher.

Ich mußte niesen
und verlor die Feldlerche
aus den Augen.
Yayu

Wie Yayus Niesen die Reinheit seines Sehens beein-
trächtigte, so kann ein Nach-Denken ein Gemälde,
das Einlochen beim Golfspielen und jedes Tun verderben.

Der Bettler:
Himmel und Erde
sein Sommerkleid.
Kikaku

Der Bettler besitzt keine Kleidung, befindet sich aber
ohne jede Verlegenheit auf Bettelgang um Nahrung.
Er muß sein Überleben sichern und kann es sich nicht
leisten, bei dem zweitrangigen Problem seiner Nackt-
heit zu verweilen.

Lange Nacht:
Das Wasser
spricht meine Gedanken.
Gochiku

Das Wasser kommentiert nicht die Nacht oder sich
selbst. Seine Laute sind Bestandteile der Nacht – wie
Gochiki selbst auch.

Bild 19: Eine der Inschriften auf diesem Gemälde ist eine Würdigung des chinesischen Kaisers Qianlong, die das Datum 1760 trägt. Vor über zweihundert Jahren fand hier der Herrscher eines der größten Imperien der Welt etwas, das seinen Geist erfrischte. Seit siebenhundert Jahren wird dieses Bild von Menschen aufbewahrt und daher sicherlich hoch eingeschätzt – aus Gründen, die denen des Kaisers Quianlong ähnlich sein dürften und die uns vielleicht auch heute bewegen.

Einer dieser Gründe liegt gewiß in der selbstvergessenen, unbefangenen Schlichtheit dieses bukolischen Augenblicks. Der vorausgehende Junge ist vollkommen gefangen von dem Vogel, den er sanft in seinen Händen birgt. Seine Füße finden den gewohnten Weg ganz von selbst. Die Büffel folgen gehorsam, wie wir an den durchhängenden Nasenstricken erkennen. Der zweite kleine Junge liegt völlig entspannt auf dem Rücken der Büffelkuh; Peitsche und Seil haben nichts zu tun. Und das Kalb folgt offenbar bereitwillig seiner wandelnden Milchbar. Sogar die Weidenzweige gehorchen, in dem sie sich, der Schwerkraft folgend, zur Erde neigen.

Wenn wir uns auf diese schlichte Direktheit einlassen, auf diese Freiheit von Zuschauergedanken, empfangen wir einen Eindruck vom Garten Eden vor dem Sündenfall. Die ganze Szene atmet den Geist spontaner Unmittelbarkeit. Der Junge möchte mit dem kleinen Vogel behutsam umgehen – und er tut es. Die Büffel möchten dem Jungen zu ihrem gemeinsamen Ziel nachtrotten – und sie tun es. Der zweite Junge möchte, was den gemeinsamen Heimweg angeht, auch den letzten Rest von Denken, Reden und Bemühen abschütteln – und er tut es.

Völlig absorbiert zu sein von dem, was wir gerade tun, das ist die bestmögliche Ausnutzung unserer Kräfte und Fähigkeiten. In dem Maße, in dem wir selbst neben uns stehen und uns zuschauen, bringen wir uns von unserer Stoßrichtung ab, schmälern wir unsere Fähigkeiten, verderben wir uns die Freude, die im selbstvergessenen Tun liegt. Wenn wir etwas tun und dabei überlegen, ob wir es richtig machen oder überhaupt das Richtige tun, sind wir natürlich von unserem Werk abgelenkt. Das Nachdenken über das Tun hat seine Zeit, und das Tun hat seine Zeit. Es sind verschiedene Zeiten.

Während Sie nun aufrecht dasitzen und langsam und regelmäßig atmen, sitzen Sie einfach da, langsam und regelmäßig atmend.

So saß einst auch irgendein Unbekannter da und wußte von nichts als einem einzigen Laut, einem einzigen Anblick:

> Eine einzelne Grille,
> tschrii, tschrii, tschrii, und still:
> Meine Kerze schmilzt und erlischt.

Issa wußte nicht, weshalb seine stille Versunkenheit von der einzigen Fliege weit und breit attackiert wurde:

Ein Mann
und eine Fliege
in einem großen Raum.

Bashō gibt uns ein unvergeßliches Bild des vollkom-
menen Eintauchens in einen Austausch, durch keinen
von einem hungrigen Magen oder poetischer Delika-
tesse geborenen Kommentar verdorben:

Ein Kind aus armer Familie
hielt inne beim Reismahlen,
um den Mond anzuschauen.

Das Unbekannte

**Sicherheit und Unwandelbarkeit sind
Chimären des vom Ego beherrschten Bewußtseins
und existieren in der Natur nicht.
Die Unsicherheit anzunehmen und sich
dem Unbekannten auszuliefern erzeugt einen
erlösenden Glauben an «das Ganze».**

Bild 20: Wenn Sie Ho-tei so sehen, können Sie da anders als lächeln? Augenscheinlich ist er den Mann, der alles hat – alles jedenfalls, was er möchte. Und ganz offensichtlich ist alles, was er an weltlichen Gütern besitzt, in dem Bündel, das er über der Schulter trägt. So tappt er barfuß daher in einem ziemlich mitgenommenen alten Umhang, der ihn nicht mehr so recht bedeckt, und weiß weder, wo seine nächste Mahlzeit herkommen soll, noch wo er sich zur Nacht schlafen legen wird. Er hat sich dem Unbekannten anvertraut und nimmt alle Unsicherheit hin. Sein breites Lächeln zeigt, daß er zu allem bereit ist. Wäre er von einem Ego beherrscht, das vom Leben die lückenlose Wahrung der Sicherheit forderte, er hätte gewiß den schmallippigen, stirngefurchten, zugeknöpften und magengeschwürigen Ausdruck, den wir heute in so vielen Gesichtern sehen.

Wenige in unserer Kultur können diesem frühen Exemplar eines Hippie direkt nacheifern. Aber könnte er uns nicht Symbol einer idealen Geistesverfassung sein, zu der wir uns hinrecken, soweit es unsere Status-

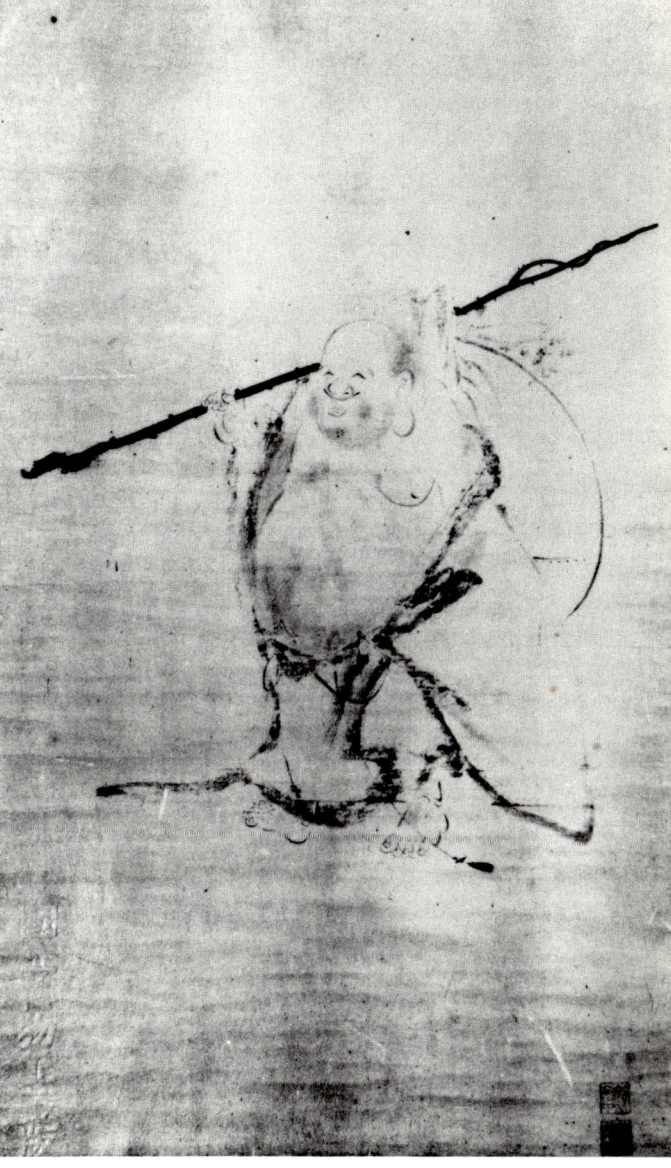

symbole und Aktien erlauben? Vielleicht gibt es einen mittleren Weg, eine Art Gratwanderung zwischen Gottvertrauen und dem Bemühen, unser Pulver trocken zu halten. Doch während wir unser Pulver trocken zu halten versuchen, dürfen wir nicht verkennen, daß die Luftfeuchtigkeit schwankt und es manchmal böse Unwetter gibt. Wir möchten gern an ewig trockene Pulverfäßchen glauben, aber so etwas gibt es in Wirklichkeit nicht.

Hotei hat solche Hirngespinste ganz aufgegeben, und wir erkennen an seinem Gesichtsausdruck, daß er gern annehmen wird, was das Leben ihm als nächste Mahlzeit oder als nächstes Nachtlager bietet. Freiheit, scheint er zu sagen, ist nicht bekommen, was du möchtest, sondern mögen, was du bekommst. Er hat sein Bündel und einen ebenen Pfad, und die ganze Sache gefällt ihm.

War Bashōs Pferd darauf aus, Schönheit zu schmausen?

> Das Kelch-Johanniskraut
> blühte am Wegesrand:
> Ein Pferd fraß die Blüten.

Jeder Fotograf kennt Choras Erfahrung:

> Der Mond:
> Schau ich ihn an – Wolken;
> schaue ich nicht – klar.

Und kann man nach Sicherheit vor Alleinsein trachten?

> Einsamkeit!
> Auch das ist Freude:
> Herbstabend.
> *Buson*

Bild 21: Nehmen wir an, der Künstler habe bei diesem Bild die äußerste Spitze eines jener beinahe lotrechten Gipfel im Sinn gehabt, die wir auf Landschaftsgemälden der Song-Zeit so häufig antreffen. Ganz am Rand eines schmalen Simses unter dem Gipfelfelsen steht ein Reiher. Hinter ihm, im Schutz des Überhangs, ein bißchen Pflanzenwuchs, vielleicht ein Nest. Alles übrige ein Meer wirbelnder Nebel über einem unermeßlichen Abgrund. In diesen Abgrund blickt der stehende Reiher hinab, während ein zweiter oben Kreise zieht, vielleicht um eine der Turbulenzen zur Landung auf dem Sims zu nutzen.

Was für ein Lebensraum! Den unbarmherzigen Elementen ausgesetzt, weit und breit keine Zuflucht und vielleicht keine Nahrung, die Sicherheit des stillen, fruchtbaren Tales in schwindelerregender Tiefe. Dennoch muß dieser Ort etwas haben, was den Vögeln das Gefühl gab, sie könnten hier leben. Und die Tatsache, daß sie hier bisher tatsächlich überlebt haben, rechtfertigt ihren «Glauben».

Sich aus dem Glauben an das Ganze dem Unbekannten anzuvertrauen, dafür können wir den über dem Abgrund schwebenden Vogel als Sinnbild nehmen. Im Verlauf der langen Evolution seiner Spezies wurde der Vogel von der Schwerkraft und den meteorologischen Gegebenheiten dieses Planeten geformt, und eben diese Prägung trägt ihn jetzt. Welche Chance hatte diese Spezies vor einer Million Jahren zu überleben? Keine sehr große; doch sie vermochte sich dem stetigen Wandel der Umwelt anzupassen.

Wir blicken in den Abgrund und schaudern ein wenig bei dem Gedanken, welche gähnende Tiefe ein plötzliches Aufreißen des Nebels bloßlegen würde. Der Abgrund ist wie unsere Zukunft – noch nicht erreicht und möglicherweise voller Tücken, Geheimnisse und Katastrophen. Wie sollen wir reagieren? Ängstlich an niemals versagenden Sicherungen arbeiten, damit wir hinter undurchdringlichen Abwehrlinien ein Leben ohne Wandel führen können? Oder einfach in den Nebel hinausgehen in dem Vertrauen, daß unsere Kräfte und Mittel uns auch weiterhin erhalten werden, wie die Luftströme die geschickt kreisenden Vögel tragen?

Wenn wir von dem Gefühl ablassen, daß wir ein individuelles zerbrechliches Ego in einem nicht sehr verläßlichen und gefährlichen, fremden Universum sind, wird sich ganz von selbst die Empfindung einstellen, daß wir selbst ein Teil jener nichtdualen Kombination sind, die der Organismus-Umwelt-Komplex darstellt. Kein Zweifel, es existieren wirklich Gefahren, doch würde die Kombination nicht alles in allem unser Überleben begünstigen, wären wir nicht hier. Wir sind begünstigt, im Vorteil. Gut möglich, daß wir unsere Chancen nur verschlechtern, wenn wir eine durch nichts zu gefährdende Sicherheit anstreben oder schon erreicht zu haben glauben. Wir stehen uns besser, wenn wir akzeptieren, daß die Welt uns keine Rente gewährt, die Leben, Gesundheit und Glück sicherstellt. Die Schicksalsgöttinnen, sagen die Römer, finden einen Weg für den Willigen und überlassen den Unwilligen sich selbst. «Das Leben ist das, was uns passiert, während wir andere Pläne schmieden.»

Am Ende einer sehr strapaziösen achtmonatigen Wanderschaft schrieb Bashō (vielleicht etwas überrascht?):

> Noch lebendig
> am Ende der Reise:
> Spätherbstabend.

Shiba erlebte unter wenig erfreulichen Umständen existentielle Freude:

> Glück:
> Wach, wieder lebendig
> in dieser grauen Welt des Winterregens.

Shiki und seine Freunde, im Nebel verirrt, ruderten einfach weiter:

> In den Nebel, durch den Nebel
> ruderten wir. Dann:
> das weite Meer – so blau, so klar!

Der Augenblick

**Man kann nur im gegenwärtigen
Augenblick leben.**

Bild 22: Tausend Jahre sind nur ein Tag im Leben der
Fische. Die Ahnen dieses großen Karpfens sahen – für
ihresgleichen als Brüder und für andere als Beute – vor
tausend Jahren genauso aus wie dieser hier. Die Jahr-
tausende vergehen, und die großen runden Augen
glotzten alle Erscheinungsformen in dieser Ecke ihres
Unterwasser-Universums an. Der Schwanz und die
Flossen vollführen unentwegt die gleichen Bewegungen. Und doch ist jeder Fisch ständig «auf dem
Sprung» zur lebensrettenden Flucht oder zum lebens-
erhaltenden Angriff.

Mit den Wasserströmen wogt das Gras, in jedem
Augenblick den leisesten Bewegungsschwankungen
ihres Mediums nachgebend und die von Sonne und
Wasser bereitgestellte Nahrung aufnehmend. Die
Schwünge der Pflanzenstengel wiederholen die Wel-
lenbewegungen des Fischkörpers.

In dieser schweigenden Unterwasserwelt scheint die
Zeit – die Zeit der Pendler, der Flugpläne, der Count-
downs – nicht zu existieren. Hier existiert nur der
Rhythmus der Organe, der Schlag des Herzens, das
Ein- und Ausströmen des sauerstofftragenden Was-
sers, das reflexhafte Spiel der Flossenmuskeln, die Be-

wegung der Stengel- und Blattzellen. Jedes Geschehen dauert seinen Augenblick und ist dann nicht mehr. Keine Vergangenheit, über die ein Fisch zu brüten hätte, keine Zukunft, die sein Herz schneller schlagen ließe. Die Fische und die Gräser leben schwebend im wäßrigen Jetzt, eins mit der Umwelt, die sie erhält.

Wenn es uns Menschen gelingt, ohne Sprache auszukommen, oder sie nur zu benutzen, um schlicht und ausschließlich mit dem gegenwärtigen Augenblick umzugehen, werden wir die Qualität unseres Lebens verändert finden. Bei einem schnellen Volley im Tennis, oder wenn wir bei einem Teich plötzlich angehalten werden vom Quaken Hunderter von Fröschen, oder wenn wir ein Raumschiff zum Mondflug abheben und dann beschleunigen sehen – in solchen Augenblicken sind wir ganz eins mit uns selbst. Alle unsere Kräfte sind ohne Nebengedanken und selbstvergessen auf das Spielen, Lauschen, Schauen konzentriert. Jetzt leben wir wahrhaftig.

Auch wenn wir beim Meditieren in dieser selbstvergessenen Sammlung dasitzen, entsteht eine organismische Freude. Und dieses gesteigerte Lebensgefühl wirkt sich auf all unser Tun aus.

Könnten wir durchs Leben gehen, ohne beim Essen, Schlafen, Arbeiten, Schmusen an Vergangenheit oder Zukunft zu denken – dann erst könnten wir mit all der Vitalität und Lust leben, die uns möglich sind. Organismisch können wir nicht anders als in der Gegenwart leben. Machen wir uns doch die Weisheit unseres Organismus zunutze.

Issa bemerkte im selbstvergessenen Augenblick der Versunkenheit eine Steigerung des Lebens:

Kirschbäume:
In Betrachtung ihrer Schönheit versunken,
sind Fremde wie Freunde.

Buson führt uns ein weiteres Bild des Einsseins vor Augen:

Ein alter Fischer:
von unbeirrbarer Aufmerksamkeit
im Abendregen.

Bild 23 : Bereit zum blitzschnellen Zustoßen ist dieser Reiher, und alles an ihm ist auf dies eine gesammelt: den Frosch erwischen. Sein langer kraftvoller Hals ist wie eine gespannte Feder, sein Körper vorgebeugt, um alles Gewicht in den Stoß legen zu können, die Augen unverwandt auf die Beute geheftet; die Waffe, sein langer spitzer Schnabel, im Anschlag. Für ihn gibt es weder Vergangenheit noch Zukunft – nur das Jetzt. Wir betrachten ihn, und die Zeit scheint anzuhalten; auch wir beugen uns vor, erstarren in der Haltung des Bereitseins, ganz im Jetzt.

Konzentriert im Augenblick leben, wie erfrischend das ist! Alles Bedauern, alle Sorgen und Erwartungen, alle Gedanken und Gedanken über Gedanken sich selbst überlassen. Sich ausrichten auf das, was eben ansteht. Wie erfrischend das ist – und wie lockernd für alle Vorurteile und Hemmungen. Wir werden fähig zu einem produktiveren Austausch mit dem, was uns gerade beschäftigt. Auf der organismischen Ebene können wir, wie der Reiher, gar nicht anders als jetzt leben. Wir können jetzt nicht gestern oder morgen oder auch nur in der nächsten Minute leben. Doch anders als der Reiher leben wir noch auf einer anderen Ebene, der Ebene der Wörter, und auf ihr können wir uns imaginativ in die Vergangenheit oder Zukunft projizieren. Diese Fähigkeit hat ihre erfreulichen und ihre gefährlichen Seiten, und beide können uns davon abhalten, wahrhaft jetzt zu leben.

Manchmal muß es einfach der Inhalt dieses Augenblicks sein, aufgrund früherer Erfahrung für die Zukunft zu planen. Das kann eine kluge Nutzung des

Augenblicks sein. So pflegen wir zu jagen: Wir machen Pläne und profitieren vom Feedback. Doch wenn die Jagd vorüber ist, sollten wir die Beute unserem Verdauungstrakt überlassen.

In einem so vollkommen gesammelten Leben ist unser Körper voller Licht. Die geballte Kraft einer so geeinten und hellwachen Lebensweise lenkt uns wie einen Speer – wie einen Reiherschnabel. Wir agieren im Einklang mit all unseren Kräften. Jedem Augenblick das Seine.

> Der Frühlingswind:
> Wie weiß der Reiher
> zwischen den Kiefern.
> *Bashō*

Hier ein Silberreiher, der wie ein weißer Geist hinter den dunklen Kiefern fliegt. Jetzt ist er zu sehen, jetzt wieder nicht. Wenn wir nicht hellwach und bereit sind, jeden Augenblick wieder auf eine andere Stelle zu schauen, wird er uns entgehen.

> Die Libelle
> sitzt auf dem Stock,
> der für sie zum Schlag erhoben ist.
> *Kōyo*

Wachheit in Vollendung! Kōyos Libelle hat die Lage blitzschnell «erfaßt». Wie will der Mann sie treffen, wenn sie auf seiner Fliegenklatsche sitzt? Bewegt er das

Mordwerkzeug, entfleucht die Libelle; bewegt er es nicht, ist sie vollkommen sicher. Sie hat ihr Leben durch spontanes Handeln gerettet, in reflexartiger Reaktion auf die Gesamtheit ihrer Sinneseindrücke. Keinerlei Nach-Denken.

> Ein Blitz:
> Stilles Wasser leuchtet auf
> zwischen den dunklen Bäumen.
> *Shiki*

Wäre Shiki nicht so hellwach und bereit wie ein Reiher auf der Jagd gewesen, dieser Augenblick wäre ihm entgangen. Die entscheidenden Augenblicke des Lebens blitzen vor uns auf wie die schnell wechselnden Bilder eines Tachistoskops, mit dem unsere Wahrnehmungsintensität getestet wird. Wenn wir in Gedanken an Vergangenheit und Zukunft durch den dunklen Wald des Lebens gehen, werden wir die taghellen Augenblickswirklichkeiten verpassen, wie sie uns die Blitze des Lebens enthüllen.

Worte

**Das lebendige Geschehen
und die Worte darüber sind nicht
das gleiche und sollten nicht
als gleichrangig behandelt werden.**

Bild 24: Hier ein Bild entfesselter Energie in Aktion. Der Mönch, der die Schriften zerreißt, findet darin, seinem Gesichtsausdruck nach, ein diabolisches Vergnügen. Was zerreißt er da? Eine der heiligen Schriften des Buddhismus. In jeder anderen Religion als dem Zen würde solch ein Handeln sicherlich als böse gelten. Doch dies ist ein Bild von Huineng (638-713), dem ersten großen chinesischen Zen-Meister, gemalt von einem Künstler, der nicht nur vom Zen inspiriert war, sondern auch als einer der größten Sumi-e-Meister Chinas gilt.

Was also geht hier vor? Wo ist hier Zen?

Vielleicht geben uns ein paar Zen-Dialoge zwischen Meistern und Schülern einen Anhaltspunkt. Hier einer, den der Zen-Gelehrte Daisetz T. Suzuki wiedergibt:

> Ein Mönch fragte den Sechsten Patriarchen [Huineng]: «Wer ist zu den Geheimnissen von Huangmei gelangt?»
> Der sechste Patriarch gab zur Antwort: «Einer, der den Buddhismus versteht, ist zu den Geheimnissen von Huangmei gelangt.»

Der Mönch: «Habt Ihr sie denn erlangt?»

Huineng: «Habe sie nicht erlangt.»

Der Mönch: «Wie kann es sein, daß Ihr sie nicht erlangt habt?»

Huineng: «Ich verstehe nichts von Buddhismus.»*

In einem anderen von Suzuki mitgeteilten Austausch wollte ein Mönch über die Essenz des Buddhismus aufgeklärt werden und fragte Meister Shitou:

«Was ist der Sinn von des Patriarchen [Bodhidharma] Kommen aus dem Westen [Indien]?»

Shitou sagte: «Frag den Pfosten dort.»

Als der fragende Mönch dies nicht begriff, sagte der Meister: «Meine Unwissenheit ist schlimmer als deine.»**

Hier haben wir zwei Zen-Meister, Verkörperungen der buddhistischen Einsicht und Erleuchtung, die behaupten, sie verstünden den Buddhismus nicht, ja, nicht einmal ihre eigenen Antworten auf Fragen über den Buddhismus.

Alles Verstehen und Erörtern muß sich der Wörter bedienen. Wörter jedoch, zu welcher Sprache sie auch gehören mögen, können die Tatsächlichkeit des Lebens nicht wiedergeben. Auch Worte der Weisheit ha-

---

* Nach D. T. Suzuki: *Zazen*, O. W. Barth Verlag, Bern – München – Wien; 1988, S. 92 f. – Huangmei ist der Name des Berges, auf dem der Fünfte Patriarch, Hungjen, lebte.

**Nach D. T. Suzuki: *Prajna*, O. W. Barth Verlag, Bern – München – Wien; 1990, S. 157, 162.

ben so lange keine Bedeutung, bis die eigene Erfahrung ihnen Bedeutung verleiht. Man kann nur von seiner eigenen Erfahrung erleuchtet werden. Die Zen-Meister sind bemüht, ihre Schüler zu Erfahrungen zu führen, durch die ihnen diese Erkenntnis aufgehen kann.

Die heiligen Schriften der eigenen Religion zu zerreißen, das schockiert natürlich jeden respektvollen Schüler dieser Religion. Vom Zen-Standpunkt aus ist dies jedoch das ideale Sujet für ein Gemälde, denn dem sensiblen Betrachter kann hier der Unterschied zwischen der eigentlichen Bedeutung einer Lebensweise und ihrer bloßen Beschreibungen bewußt werden.

Und nicht nur diese «gedankliche» Seite des Bildes kann die Einsicht fördern, sondern gleiches gilt auch für die Maltechnik. Die ganze Strichführung verdeutlicht den Kontrast zwischen der bebenden Lebendigkeit des Geschehens und den toten Papierfetzen, die der Wind verweht. Die einzelnen Striche sind zumeist kurz und gerade oder eckig. Manche sind tiefschwarz, andere eher hell, und es ergibt sich ein verblüffender Stakkato-Effekt wie bei einer Serie von Schreien. Der erhobene linke Fuß der eckigen Gestalt zeigt, wie vollkommen der Mönch mit jeder Faser an diesem Geschehen beteiligt ist – fast scheint er zu tanzen bei seinem Wüten gegen die Anmaßung der Schreiberlinge, und es bereitet ihm sichtliche Genugtuung, daß es in seiner Macht steht, ihre Werke zu zerfetzen.

Wie Soseki erkennen mußte, bringen sogar Schmetter-
linge die Wörter und die Dinge durcheinander:

> Schmetterling! Diese Worte
> aus meinem Pinsel sind nicht Blüten,
> nur deren Schatten.

Issa fühlte sich von einem sprachlosen, nichtmenschlichen Austauschpartner angesprochen:

> Silbergraswedel
> zittern in jedem Lufthauch –
> einsames Herz.

Bashō erzählt, was den Symbolen der Einsicht und
Weisheit bestimmt ist:

> Fort der geschnitzte Gott;
> nur tote Blätter versammeln sich noch
> in der Vorhalle des Tempels.

Bild 25: Armer Affe, so ganz auf dem Holzweg! Er sieht den Mond im Wasser gespiegelt und greift nach dem Bild. Sollte er sich wirklich so weit strecken können, daß er das Wasser erreicht, was dann? Er wird eine nasse Pfote bekommen und das Spiegelbild zerstören – und seinem unaufgeklärten, weltfremden Hirn ein gewaltiges Rätsel aufgeben. Könnte er sprechen, gewiß würde er diese unliebsame Wendung der Dinge äußeren Einwirkungen zuschreiben – Pech oder Schicksal –, nur nicht sich selbst.

Natürlich liegt der Fehler allein bei ihm, denn er verwechselt das Bild des Mondes mit dem Mond, wie Menschen das Symbol mit der Wirklichkeit verwechseln. Diese menschliche Schwäche ist etwas, worauf die Zen-Meister ihre Schüler so hart und so oft wie möglich stoßen. Viele Geschichten erzählen von Schülern, die geschlagen, gescholten, zum besten gehalten oder an irgendeine Arbeit geschickt werden, damit sie aufhören mit dem Nachdenken und Reden über Religion und Erleuchtung. Andere Geschichten erzählen von unsinnigen Antworten auf Fragen zu diesem Thema. Suzuki erzählt solch eine Begebenheit:

Ein Mönch fragte Zhaozhou: «Die Zehntausend Dinge [alle Dinge] gehen auf Eins zurück. Worauf geht dieses Eine zurück?»
Zhaozhou sagte: «Als ich in Qingzhou lebte, machte ich mir ein Gewand, das wog sieben Pfund.»*

* Nach D. T. Suzuki: *Koan*, O. W. Barth Verlag, Bern – München
 – Wien; 1988, S. 84

117

Denkbar wäre, daß der Mönch es nach dieser Abfuhr erst einmal wieder mit wortloser Meditation versuchte.

Dummerweise spielt die Sprache ja wirklich eine große Rolle für die Ausgestaltung unserer Anschauungen vom Leben, also auch unseres Verhaltens. Da wir die Sprache von Menschen übernehmen, die voller falscher Vorstellungen sind, muß man davon ausgehen, daß wir das Leben bei der Wahl unserer Reaktionen schon nicht mehr ganz wirklichkeitsgetreu sehen. Die Wörter schieben eine Trennwand zwischen die Wirklichkeit und uns. Unsere natürliche Weisheit gibt die Muster der Sprache, die wir lernen werden, vor, ehe wir überhaupt Lehrer haben können. Sicherlich hat diese Weisheit es jedoch leichter, unser bewußtes Tun zu steuern, wenn wir lernen, den Strom der Worte abzuschalten und uns so oft wie möglich ihrer Führung zu überlassen.

Was auch immer wir über irgend etwas sagen, ist eben nur das, was wir sagen – und nicht die Sache selbst. Wenn wir aus dem in uns Angelegten wahre Einsichten und wahres Handeln ableiten wollen, dürfen wir nicht von den Voraussetzungen ausgehen, die – zumindest bei dieser Gelegenheit – im Kopf des Affen herrschen. Und wenn wir den Strom der Wörter – der Schlußfolgerungen und Urteile und dürftig begründeten Spekulationen – nicht willentlich anhalten können, sollten wir uns zumindest klarmachen, daß unsere Worte über das Leben nicht das Leben sind und es häufig nicht einmal angemessen beschreiben.

◀ *Bild 25*

Stille. Ein kühler Abend.
Bei angenehmen Gedanken
mit einem Freund.
Hyakuchi

Hyakuchi und sein Freund hatten offenbar etwas über
produktive Kommunikation gelernt.

Tobende See!
Über der Insel Sado
die Milchstraße.
Bashō

Der Dichter macht uns den Unterschied zwischen
zwei Welten spürbar: Hier die Welt der Diskussionen
und Debatten, dort die Welt des lebendigen Geschehens, das all den Wortedonner erst ermöglicht. Die ge-
räuschvollen theologischen Dispute des Mittelalters
sind tot, doch die stummen Gene vieler dieser Dispu-
tanten leben weiter und bestimmen das Geschick heu-
tiger Menschen.

Hundert Kürbisflaschen,
geboren
aus dem Geist der Ranke.
Chiyo

Und zwar ohne ein einziges Wort.

Theorien

**Wenn uns die Unvereinbarkeit
der Theorien über das Leben mit unseren
nichtbegrifflichen und urteilsfreien
Ahnungen von der Wahrheit aufgeht,
bleibt uns nichts anderes, als zu lachen.**

Bild 26: Vor achthundert Jahren bemalte der japanische Künstler Toba (der außerdem ein buddhistischer Priester war) eine lange Rolle mit allerhand Szenen und Possen aus dem Tierreich, in denen Affen und Frösche, Kaninchen und Hirsche die Hauptrollen spielen. Manche dieser Szenen sind tatsächlich auf das typische Verhalten der Tiere gemünzt, andere stellen kaum verhohlene Seitenhiebe auf menschliche Verhaltensweisen dar. Hier zum Beispiel sitzt ein Frosch mit gekreuzten Beinen auf einem «heiligen» Podest, als wäre er der Buddha oder ein buddhistischer Abt. Die Sitzfläche bildet ein Lilienblatt, und auch die Rückwand besteht aus großen Blättern – der Lotosthron und die heiligen Kobras des Buddha als wahrhaft lächerlicher Abklatsch. Vor «Seiner Heiligkeit» kniet ein Affe im Priestergewand – dessen Sitz übrigens zu wünschen übrigläßt. Der Frosch gibt sich äußerst salbungsvoll und macht mit der rechten «Hand» die Unterweisungsgeste des Buddha. Der Affe bringt in aller gebotenen Frömmigkeit Blumen dar und offenbar religiöse Empfindungen zum Ausdruck.

Was fangen wir nun an mit dieser blasphemisch wirkenden Szene? War Toba ein Götzenzerstörer? Oder

Bild 26

ist das hier seine künstlerische Art, uns zu sagen, daß
wir nicht religiöse Symbole anbeten sollen? Von einem
Zen-Meister ist der Ausspruch überliefert: «Wenn du
dem Buddha begegnest, töte den Buddha.» Hier ist etwas Ähnliches angespochen wie das, was Toba mit der
Verneigung des Affenpriesters vor dem Frosch-
Buddha meint: Verwechsle religiöse Symbole nicht mit
dem, was sie symbolisieren; nimm das Spiegelbild des
Mondes nicht für den Mond; wo du dich bei der An-
betung eines Symbols oder eines äußeren Wesens er-
wischst, und sei es auch der Buddha, da lach dich nur
ordentlich aus.

Nur der Mensch kann Symbole erschaffen. Nur ein Mensch kann über sich selbst lachen, wenn er merkt, daß er die Rolle des Symbols verkannt hat. Gibt es ein besseres Mittel als das Lachen, wenn wir wieder einmal vergessen haben, daß der Sabbat mit all seinen Gesetzen, Symbolen und Zeremonien für den Menschen gemacht ist und nicht umgekehrt? Lassen Sie zu, daß Ihre gesellschaftlich bedingte Lebensauffassung einen Affen aus Ihnen macht?

Meister Linjis Antwort auf das Ersuchen eines Mönchs, die Essenz des Zen mitgeteilt zu bekommen, offenbart die typische Zen-Haltung gegenüber jedem Bemühen, den Fisch des Sinns mit dem Netz der Wörter zu fangen. Auf die vielfach zu diesem Zweck gestellte Frage nach dem Sinn von Bodhidharmas Kommen aus Indien erwiderte Linji: «Wenn es da einen Sinn gäbe, könnte niemand auch nur sich selbst retten.»*

Toba sagt das gleiche mit dem geschwätzigen Affen und dem salbungsvollen Frosch. Die nicht wissen, reden davon; die aber wahrhaft wissen, reden nicht davon: Sie lachen nur über jeden Versuch, den Sinn des Lebens in Worte zu fassen.

Sokan scheint, was Frösche angeht und Leute, die sich wichtig nehmen, ähnlich zu empfinden wie Toba:

* Suzuki, *Prajna*, S. 162.

Scharwenzelnder dicker Frosch,
Hände auf Intarsienboden spreizend –
quakender Höfling.

Beinahe liebevoll wendet Issa sich einer Kreatur zu, die die meisten Menschen, da sie dazu erzogen werden, als eklig empfinden, wenn sie damit in Berührung kommen.

Nanu!
Eine Schnecke an meinem Fuß.
Wann kam sie dorthin?

Sampu drückt unter dem wunderbaren Mondlicht die Bettdecke an sich:

Mond, so strahlend für die Liebe!
Komm her, meine Decke,
umfange meine leidenschaftliche Kälte!

Sampu sagt uns mit all den Worten eigentlich nichts – jedenfalls nichts Verständliches. Doch wenn wir das Bild einmal in uns hineinsickern lassen, ahnen wir, wie er sich fühlt in dieser kalten, klaren Nacht, da er – fiebernd vielleicht – auf seinem Bett liegt. Die peinvolle Unvereinbarkeit seiner Vorstellung von einer hellen Mondnacht mit dem, was er tatsächlich erlebt, löst dieses grimmige Gelächter aus.

Bild 27: Shohakus fast lebensgroßes Bildnis dreier Freunde, die eine Brücke überqueren, beruht auf einer alten Erzählung. Es war einmal ein Abt, der gelobte, er werde nie wieder die Brücke überschreiten, die sich über den Abgrund zwischen seinem Kloster und der Außenwelt spannt. Eines Tages kamen zwei Freunde zu Besuch. Sie feierten ihr Wiedersehen ausgiebig. Als dann die Zeit zum Abschiednehmen kam, traten sie in so angeregter und fröhlicher Unterhaltung vors Kloster, daß sie, ohne es zu bemerken, alle drei über die Brücke gingen. Als die beiden Besucher den Abt lachend darauf aufmerksam machten: «He, du hast grad dein Gelübde gebrochen», lachte der noch unbändiger. Die drei Freunde mußten sich aneinander festhalten, um nicht vor lauter Lachen in den Abgrund zu stürzen.

Diesen Augenblick hat Shohaku mit dem Pinsel eingefangen – den Augenblick der Krise, da sich entscheiden muß, ob der Abt nun mit entsetzter Ernüchterung und Schuldbewußtsein auf den Bruch des Gelöbnisses reagiert oder höchst amüsiert zur Kenntnis nimmt, wie das Leben über die Theorien, Pläne und Vorsätze des Menschen triumphiert.

Einer der essentiellen Grundzüge des Zen ist in dem chinesischen Wort *Wu* (japanisch *Mu*) versinnbildlicht. Dieses Wort oder dieser Laut impliziert ein «Nicht», eine Negation, und zwar in dem Sinne, daß unsere Vorstellungen von der Wirklichkeit keineswegs unbedingt der Realität entsprechen. Wenn sich Dinge ereignen, die zu unserer Schablone nicht recht passen wollen, rät das Zen uns zur «Strategie» des Stehauf-

Bild 27

männchens: Nimm es hin, fluchend oder lachend, und tanz weiter.

Viele von uns sehen das Leben als eine Art Parade, als etwas, das man gut durchplant, damit es bei Teilnehmern und Zuschauern den gewünschten Effekt erzielt. So gesehen ist Leben der Triumph der Künstlichkeit über die Natur. Ein Zen-Mensch empfindet sich dagegen als Teil der Natur und sieht das Leben als Tanz – als freudige und spontane Bewegung. Sein ganzer Wert liegt in der Freude am spontanen Tanzen, nicht im vorausberechneten Eindruck auf den Zuschauer oder in dem befriedigenden Gefühl, einem fix und fertig ausgearbeiteten Muster zu folgen.

Ist nicht das der Geist dieses Gemäldes? Wir sehen hier keine drei Würdenträger, die sich voreinander verneigen und hinter nichtssagender Fassade ihre Bestürzung über den Bruch eines Gelöbnisses verbergen, sondern drei ausgelassen fröhliche alte Halunken, die einander von Herzen und mit den Armen liebevoll umfangen. Sie sind nichts weiter als überaus belustigt vom himmelweiten Unterschied zwischen den Absichten des Menschen und denen des Lebens.

Bashō gesteht angesichts seines leeren Speiseschränkchens, als unverhofft Besuch hereinschneit, lachend:

> Daß die Mücken hier
> so klein sind,
> ist alles, was ich an Gastlichkeit bieten kann.

So philosophisch gelassen sieht auch Issa die Dinge:

> Wären die Zeiten besser:
> «Noch eine Fliege mehr um meine Füße
> nimm Platz.»

Kyorai schickte sich fügsam in das Naturgesetz des starren Nackens bei bitterer Kälte:

> Die Kälte!
> Ich kann einfach nicht hochschaun
> zur Mondsichel.

Man kann nicht alles genießen, was man genießen möchte. Was tun? Lachen Sie. Fluchen Sie. Schreiben Sie ein Haiku. Und gehen Sie weiter.

Zen-Kunst

Für die Zen-Kunst ist charakteristisch,
daß sie die Freude an einem visuellen
Kunstwerk mit Lebensweisheit, persönlichen
Erfahrungen und Intuitionen zu einem
schöpferischen Gesamtereignis
verschmelzen kann.

Bild 28: Der Drache, der uns da aus der Tiefe seines kosmischen Strömens anfunkelt, ist einer von neun Artgenossen, die Chen Jung vor über siebenhundert Jahren in China auf eine lange Bildrolle malte. Es sind lauter wildbewegte Szenen dieser Art: Gewaltige Wogen und wirbelnde Mahlströme schleudern lange Gischtschleppen hoch. Eben dieses Wirbeln und Schwadenziehen finden wir auch bei Spiralnebeln, in Atomen und in Menschenherzen. Dieser ungezügelten Energie entsprang das Leben, auch das Menschenleben. Und in der ungebändigten Natur liegt die Bewahrung des Lebens.

Dieser Drache lebt im uranfänglichen Sturm der Elemente, und in seinem Sich-Winden und Schlängeln liegt alle lebenerzeugende und lebensbewahrende Energie. Er ist ein unsterbliches Wesen, unsterblich wie die Energie, das Urbild all dessen in uns, was unser Dasein zu mehr als Nahrungsaufnahme und Ausscheidung macht. Seine Klauen und Hörner und der wilde Seitwärtsblick muten uns nicht gerade herzerwärmend und beruhigend an. Sie sind erschreckend wie die Bal-

Bild 28

lungen von Dunst und Wasser, in denen er zu Hause ist.

In was für einen Austausch können wir mit solch einem Bild treten?

Zunächst, wenn wir die Pinselführung studieren, stehen wir staunend vor der Meisterschaft, die hier offenbar wird – die Sicherheit des Strichs in den Wirbeln und Wellen, die mit Spontaneität gepaarte Detailtreue in den Schaumrändern der langen Brandung, die Ge-

nauigkeit der Darstellung von Gesicht und Körper des Drachen, so penibel und doch so ganz natürlich verschmolzen mit allem übrigen. Kein Wunder, daß Chenrongs Neun-Drachen-Rolle seit Jahrhunderten von taoistischen Oberpriestern und Kaisern als große Kostbarkeit gehütet wird.

Sodann können wir das Kunstwerk, wie die Taoisten, seines symbolischen Gehalts wegen schätzen. Wie sie die unnennbaren Kräfte und Geheimnisse des

Lebens empfinden und verstehen, kommt hier zum Ausdruck. Und auch die Stürme, die wir manchmal in uns selbst erleben, sind hier gestaltet – Stürme, die unseren Willen und Verstand umherschleudern wie Späne auf dem Meer.

Für die Zen-Kunst ist charakteristisch, daß sie die Freude an einem visuellen Kunstwerk mit Lebensweisheit, persönlichen Erfahrungen und Intuitionen zu einem schöpferischen Gesamtergebnis verschmelzen kann. Solch ein Ereignis kann in einem Menschen jene Voraussetzungen schaffen, die ihm zu einer befreienden Einsicht verhelfen. Solch ein Austausch fällt einem nicht ohne weiteres zu, denn «Austausch» bedeutet ja, daß man selbst ebenfalls etwas einbringt. Chen Jung brachte seine tiefe Einsicht und seine bildnerische Kraft ein. An uns ist es, unser Inneres aufzuschließen für die meditative Betrachtung dieses uralten taoistischen Symbols.

Gyodai vermittelt in einer bewegungslosen Vignette etwas von der Wildheit dieses Planeten:

> Im kalten Himmel des Morgengrauens
> eine einzelne Kiefer
> auf dem Gipfel.

Bashōs Bild ist dynamischer:

Dunkler werdend das Meer:
Oh, Stimmen der Wildvögel,
rufend, wirbelnd, weiß.

Er fügt die empfindungslose Welt und die der Lebewesen zu einem weiteren Bild zusammen, das uns die ehr-
furchtgebietende und geheimnisvolle Wildheit des
Kosmos spürbar macht:

Zuckender Blitz:
über das Dunkel hinaus
pfeilschnell der Schrei des Nachtreihers.

Bild 29: Hier haben wir, in wenigen Pinselstrichen, Liang Kais unsterbliches Porträt des unsterblichen «Dichterfürsten» Chinas. Li Bo scheint weit in die Ferne zu blicken. Innere Ferne? Äußere Ferne? Beides? Vielleicht schaut er seinem Freund Meng Haoran nach bei dessen Aufbruch nach Yangzhou. Darüber schrieb er vor zwölfhundert Jahren:

> Du läßt mich zurück, alter Freund,
> auf der Gelben Kranich-Terrasse,
> ausgezogen, um Yangzhou
> im dunstigen Monat der Blüten zu besuchen.
> Dein Segel, ein einzelner Schatten,
> wird eins mit dem blauen Himmel,
> und jetzt sehe ich nur noch den Fluß
> auf seinem Weg in den Himmel.

Was ist so hypnotisierend an diesem Bild? Wir projizieren auf ein fast konturloses Gewand eine edle und würdevolle Haltung, sie ist fest, ohne starr oder steif zu sein, stolz, aber ohne pompöse Gebärde. Die feinen Linien, mit denen Li Bos Gesichtszüge und die Augen gezeichnet sind, künden von Klarheit des Geistes und des Blicks. Die Festigkeit dieses Blicks hat etwas Bedingungsloses und vermittelt, daß er sein eigener Herr ist und sich weder über- noch unterschätzt: Ein Mann, der dem Segel des scheidenden Freundes nachblicken wird, bis es eins wird mit dem Blau über dem Fluß, der in den Himmel fließt. Ein Mann, der in aller Klarheit und Schärfe die Flüchtigkeit der Freude empfindet – und er nimmt es hin, ohne Bedauern. Ein Mann . . .

nun, wir könnten hier endlos fortfahren und uns von den wenigen schwarzen Tuschestrichen auf immer neue Weise offenbaren lassen, wie herrlich es sein kann, ein Mensch zu sein. Wir lassen diese Intuitionen während unserer stillen Betrachtung aufsteigen und wachsen so allmählich in dieses große Werk der Zen-Kunst hinein. Etwas von spiritueller Bedeutung ereignet sich hier: Unsere eigenen Erfahrungen und Träume, die Genialität Liang Kais und die Persönlichkeit Li Bos – alles verschmilzt, und wir sind mehr, als wir bis dahin waren.

Bashō bietet uns einen ebenso starken wie subtilen synästhetischen Reiz:

> Das Tönen der Glocke verhallt,
> der Blütenduft nimmt den Klang auf:
> Abenddämmerung.

Zart und mild ist Kikakus Bild:

> Ein voller Mond:
> Auf die Reisstrohmatte
> fällt Kiefernschatten.

Ein unbekannter Haiku-Dichter schenkte uns einen unvergeßlichen Augenblickseindruck von der stillen Beharrlichkeit einer Frau – ein Bild, das lange in uns nachschwingt:

Während sie den Reis wäscht,
wird ihr lächelndes Gesicht kurz
von einem Glühwürmchen beleuchtet.

Die Anmut dieses Gesichts und der edle Poet, die Kiefernkalligraphien und die dufttönende Luft – durch die Kunst und unsere einfühlende Betrachtung in Ereignisse von spiritueller Bedeutung verwandelt.

Vom Austausch mit der Welt

**Jeder Mensch entwickelt sich
zu seiner Einzigartigkeit hin und
gelangt zu seiner ganz eigenen Art
des Austauschs mit der Welt,
wie sie für ihn existiert.**

Bild 30: Bodhidharma wird traditionell als der Begründer der Zen-Schule des Buddhismus angesehen. Wie viele Religionsstifter oder Sektengründer werden wohl von ihren Anhängern und Nachfolgern so dargestellt wie Bodhidharma? Man erwartet hier außerweltliche Abgeklärtheit wie beim Buddha Gautama oder überirdische Geduld angesichts von Verfolgung und Leiden wie bei Jesus Christus.

Hier haben wir einen durch und durch menschlichen, ziemlich bärbeißigen und grummeligen Kerl vor uns. Ein beinharter, gealterter Hippie-Typ, der uns von der Seite anfunkelt, als hätten wir eben etwas gesagt, was ihn davon überzeugt, daß wir noch ganz schön zu tun haben werden, bis wir endlich auf dem richtigen Dampfer sind. So glatzköpfig, bärtig und mit einem schweren Ohrring hat er eher etwas von einem Piraten als von einem Heiligen.

Vielleicht hat er ja wirklich etwas von einem Freibeuter in sich – in dem Sinne jedenfalls, daß er die «unternehmerische Freiheit» bis an ihre Grenze trieb. Er setzte eine schon tausend Jahre alte Religion in unerforschtem Gelände aus und machte die alten Landkar-

ten des buddhistischen Hoheitsgebiets ungültig. Er brach auf zur inneren Kaperfahrt, machte reiche Beute und erkannte: Es liegt in ihrer Natur, daß man sie keinem anderen schenken kann. Was er fand, war einzigartig, und so muß jeder seinen ganz eigenen Fund machen. Bodhidharma glaubte nämlich, daß jeder Mensch sich zu einem einmaligen Individuum entwickelt und in seinen ganz eigenen Austausch mit der Welt tritt, wie nur er sie erforscht und erfährt. Das Himmelreich ist innen, und da jedes «innen» sich von jedem anderen unterscheidet, sind auch alle Himmel verschieden. Niemand kann von irgendeinem anderen erlöst werden; niemandes Offenbarung ist für jedermann gültig.

Die Persönlichkeit, die wir in diesem Bild entdecken können, zeigt sich auch in der Legende von Bodhidharmas Begegnung mit dem Kaiser Wu aus der Liang-Dynastie. Der chinesische Kaiser berichtete seinem Besucher von all den buddhistischen Klöstern und Tempeln, die er erbaut und großzügig ausgestattet hatte, und fragte dann, wieviel karmisches Verdienst er sich dadurch erworben habe.

«Kein Verdienst», erwiderte Bodhidharma knapp.

Zweifellos schockiert von dieser Antwort und vielleicht auch, um den alten Gauner herauszufordern, fragte der Kaiser: «Was ist denn der unübertreffliche Sinn der Heiligen Wahrheit?»

Bodhidharma sagte: «Leere Weite, nichts Heiliges.»

Der Kaiser fragte: «Wer ist [dann] das Uns gegenüber?»

Bodhidharma sagte: «Weiß nicht.»*

Auch Dansui zeigt uns jemanden, der sein eigener
Herr ist:

> Selbst vor dem Kaiser
> zieht er nicht den Hut:
> bewegungslose Vogelscheuche.

Bodhidharma regte sich oder eben nicht, wie es die in
ihm wirkende Natur gebot:

> Das schwere Blatt
> fällt aus eigenem Antrieb
> an diesem stillen, windstillen Tag.
> *Boncho*

Bonchos Herbstblatt folgt nur dem, was seine eigenen
Zellen vorgeben, und wartet nicht auf den nächsten
windigen Tag, um davongeweht zu werden.

Auch Bashōs Feldlerche folgt nur ihrem eigenen
Gutdünken:

> Die Feldlerche
> singt auf den Feldern –
> aller Dinge ledig.

---

* Nach Peter Matthiessen: *Am Fluß des neunköpfigen Drachen*,
Reinbek (Rowohlt Tb 8571) 1990, S. 20-23; und D. T. Suzuki:
Zazen, S. 34 f.

Bild 31: Welche Vielgestaltigkeit der Landschaft und des Menschenlebens! Rechts im Vordergrund eine Ansammlung bescheidener Hütten, vielleicht von Fischern bewohnt. Nahe der Landzunge sind ein Teehaus und ein Pavillon ins Wasser hinausgebaut. Weiter im Hintergrund erkennen wir an einer Hügelflanke eine Gruppe größerer Gebäude – vielleicht ein Kloster

oder das Anwesen eines reichen Mannes. Am Ende des
Hohlwegs, der links den Berg hinaufführt, steht ein
Gebäude, das ein Wirtshaus sein könnte, wo die Leute,
die wir auf dem Weg erkennen, die Nacht verbringen
werden und beim Einschlafen dem Sturzbach lauschen
können, der sich in den See ergießt. Ein Fährkahn und
drei Fischerboote sind auf dem See zu sehen.

Wir können also davon ausgehen, daß es Leute gibt, die hier ihrem Beruf nachgehen oder bei einer Schale Tee die Aussicht genießen: Fischer, Seeleute, Wirtsleute, Mägde, Hausfrauen und Kinder, Mönche, vielleicht sogar einen Weisen oder Poeten. Jeder dieser Menschen erlebt diese Welt aus Wasser, Felsen, Bäumen, Stränden, Wiesen und Wasserfällen auf seine eigene Weise. Der Fischer, ganz damit beschäftigt, seinen Fang einzubringen, vergegenwärtigt sich Temperatur, die Bewegung und die Tiefe des Wassers. Die Wanderer geben acht auf Steine und Löcher und bleiben immer wieder mal stehen, um zu verschnaufen oder Teiche und Wasserfälle zu bewundern. Die beiden Freunde, die im Pavillon beim Tee sitzen, genießen vielleicht die Landschaft wie wir und beobachten in gottähnlicher Unparteilichkeit die komplexen Wechselbeziehungen der menschlichen und nichtmenschlichen Elemente.

Wer sieht diesen Ausschnitt unseres Planeten am besten, wer versteht ihn am besten, wer tauscht sich am besten mit ihm aus? Die Antwort muß natürlich lauten: keiner. Oder: jeder. Jeder Mensch hat andere Anlagen als alle anderen; auch in ihren Erfahrungen, Bedürfnissen, Erwartungen und Beweggründen unterscheiden sich die Menschen, sei es auch geringfügig; und jeder steht oder sitzt an einer anderen Stelle. Kurzum, die Welt jedes einzelnen unterscheidet sich von der Welt jedes anderen.

Wenn wir diese radikale Verschiedenheit voraussetzen, bleibt nur der Schluß, daß jeder Mensch seine ganz eigene Sicht des Lebens hat und seinen ganz eige-

nen Weg zu jener Abgeklärtheit gehen muß, dank derer er im Einklang leben wird mit dem, was innen ist,
und mit dem, was außen ist. So wie wir fraglos darauf
vertrauen, daß Atmung und Verdauung und Wund-
heilung funktionieren und wir in der Lage sind,
Sprachlaute richtig zu deuten, so müssen wir Zutrauen
haben zu unserer Fähigkeit, auch innerlich mit dem
Leben fertigzuwerden.

Wie ein Jazzmusiker einmal auf die Frage nach der
Bedeutung eines Musikstücks sagte: «Wenn du schon
fragen mußt, kommst du nie dahinter.»

In der stillen Abenddämmerung
beginnen die Nachtigallen zu singen:
Mmmm, der Essensgong.
Buson

Seine Bedürfnisse in diesem Augenblick ließen den
Essensgong süßer klingen als Nachtigallenschlag.

Yaha dagegen war nicht hungrig:

Auf dem Tempelgrund
beginnt die Nachtigall zu schlagen –
Bah! Erdnußverkäufer.

Issa war in erstaunlichem Maße fähig, sich vorzustel-
len, daß ein Lebewesen von anderer Art ein und dasselbe Geschehen ganz anders als er erleben mußte:

Bettgenosse Grille,
sei gewarnt vor örtlichen Beben:
Ich muß mich umdrehen.

Auch eine Grille hat ihren ganz eigenen Austausch mit
der Welt.

Dank

Für die freundliche Erlaubnis, Reproduktionen der hier gezeigten Gemälde zu verwenden, gilt unser Dank folgenden Personen und Institutionen:

Kozan-ji, Kyōto (Bild 26)
Nanzen-ji, Kyōto (30)
Ryusen-an, Hanazono Myōshin-ji, Kyōto (25)
Herrn Nagachika Asano, Tōkyō (23)
Herrn Sotaro Kubo, Izumi (16)
Herrn Takaharu Mitsui, Tōkyō (24)
Herrn Tomijiro Nakamura, Tōkyō (14)
Herrn Fumihide Nomura, Kyōto (12)
Hakone Museum (20, 21)
Maeda Ikutoku-kai, Tōkyō (4)
Museum of Fine Arts, Boston (1, 2, 3, 7, 8, 9, 10, 11, 15, 17, 18, 19, 22, 27, 28, 31)
Tōkyō National Museum (6, 29)
Yamato Bunka Museum, Nara (5, 13)

Frau Yasuko Horioka ist für ihre Neuübersetzungen der Haikus ins Englische zu danken. Ihr Kenntnisreichtum und Einfühlungsvermögen waren auch unschätzbar wertvoll für das Auffinden der geeigneten Haikus.

Abbildungsverzeichnis

1. Landschaft mit Vogelschwarm im Flug. Anonym,
   12. Jahrhundert.
2. Mann auf einem Wasserbüffel bei der Heimkehr
   von einem Dorffest. Li Tang zugeschrieben,
   12. Jahrhundert.
3. Kahle Weiden und ferne Berge. Ma Yuan, 12./13.
   Jahrhundert.
4. Die vier Schläfer. Mokuan, 14. Jahrhundert.
5. Bambus und Sperling. Kao, 14. Jahrhundert.
6. Landschaft. Shubun, 15. Jahrhundert.
7. Landschaft. Im Stil Shubuns, 16. Jahrhundert.
8. Klares Wetter im Tal. Anonym, 13. Jahrhundert.
9. Gelehrter, unter einem Baum sitzend. Wu Wei,
   15./16. Jahrhundert.
10. Boot auf einem Fluß. Anonym, 15. Jahr-
    hundert (?).
11. Klares Wetter im Tal (rechte Seite). Anonym.
12. Sturm auf dem Meer. Sesson, 16. Jahrhundert.
13. Stromschnellen. Motonobu zugeschrieben,
    16. Jahrhundert.
14. Weiser, den Lotos betrachtend. Masanobu,
    15./16. Jahrhundert.

15. Jittoku, den Mond anlachend. Geiami, 16. Jahrhundert.
16. Würger. Niten (Miyamoto Musashi), 17. Jahrhundert.
17. Häuser an einem See. Shubun zugeschrieben, 16. Jahrhundert.
18. Reiher. Tan'an, 16. Jahrhundert.
19. Zwei Hirtenjungen mit Wasserbüffeln unter Weiden. Anonym, 12. Jahrhundert.
20. Hotei. Mokuan, 14. Jahrhundert.
21. Vogel im Flug über dem Abgrund. Liang Kai, 13. Jahrhundert.
22. Ein Fisch. Anonym, 14. Jahrhundert (?).
23. Reiher bei der Jagd. Ryosen, 14. Jahrhundert.
24. Der Patriarch Huineng zerreißt eine Sūtra-Rolle. Liang Kai, 13. Jahrhundert.
25. Affe, nach dem Mond greifend, Tohaku, 16./17. Jahrhundert.
26. Tierpossen (Ausschnitt). Toba, 12. Jahrhundert.
27. Drei lachende Weise auf der Brücke von Rozan. Shohaku, 18. Jahrhundert.
28. Neun-Drachen-Rolle (Ausschnitt, Teil V). Chenrong, 13. Jahrhundert.
29. Li Po. Liang Kai, 13. Jahrhundert.
30. Bodhidharma. Kei Shoki, 15. Jahrhundert.
31. Landschaft mit hügelan schreitenden Gestalten. Kei Shoki, 15. Jahrhundert.